당신이 글을 썼으면 좋겠습니다

당신이 글을 썼으면 좋겠습니다

마흔에 쓰지 않았다면
몰랐을 것들

전유정 에세이

차례

프롤로그 미치도록 쓰고픈 마음 8

1장 ——— 마흔에 만난 글

새벽의 이유 16

문장공부 23

나를 감당하는 일, 쓰기 29

'나' 각성제 33

마흔의 초고 38

당당한 쓰기 44

삶 트기 49

잘 익은 글, 잘 익은 삶 55

종이 한 장에서 자라는 하루 60

책과 사유의 징검다리 65

글 빚 70

2장 ──── 글 안의 일상

꽃을 바로 보다 76

무지개 사탕 83

마음 수명 90

거울 속 엄마 96

이름을 살다 102

돌이 꽃을 피운다 108

태도의 무늬 113

'꾸안꾸'의 욕망 118

관리하는 삶 124

마흔의 긴 생머리 132

상처를 흔적으로 139

잘 될 거예요 146

3장 ──── 글이 준 선물

엄마 김치 154
기억, 마음이 남기는 이야기 158
내 자리 163
모든 순간이 완성형이라는 믿음 168
가짜 슬픔 173
김밥은 밥이 생명이다 178
봄을 놓아주는 일 184
바보라고 말하는 사람이 바보다 188
은유를 닮은 세상 193
불길한 예감은 왜 틀리지 않을까? 198
두 번째 걸음 201
적기의 사랑 205
감사훈련 210
나에게 노년이 없다면 214
마흔, 노래해야 할 때 221

에필로그 날 보면 당신도 쓰고 싶어질 거예요 227

프롤로그

미치도록 쓰고픈 마음

 며칠째 한 꼭지 글과 씨름 중입니다. 백스페이스 위에 검지를 올리고 길게 힘을 주기를 여러 번. 지우고 기우며 구차하게 매달리던 글이 아무래도 마음에 들지 않습니다. 쥐어짠 며칠의 시간이 자꾸만 없던 일로 돌아가 버립니다.

 마흔이 되도록 글과 담을 쌓고 살던 나였습니다. 쓰기는커녕 손에 책을 드는 날조차도 드물었으니 매일 책상 앞에 앉아 단어 하나, 문장 하나에 집착하는 지금의 내가 스스로도 신기할 지경입니다. 궁금할 것 같아요. 전업 작가로서 살아야만 하는 운명적인 필연도 아니면서, 이제 와 어째서 이렇게까지 글에 매달리는지.

 마흔 무렵, 이대로도 좋을까 하는 물음이 단단한 일상에 균열을 내기 시작했습니다. 그때 느낀 불안은 내 존재에 대한 모호함이었어요. 태어났으니 산다는 말만큼 수치스러운 고백도 없다고 생각했지만, 어느 순간부터 내가 그리 사는 게 아닌지 의심스럽기 시작했습니다. 공부하라니 공부했고, 취직하라니 취직했습니다. 부모 될 준비가 충분한 건지 고심 한번 없이 아이를 낳았어요. 사는 게 다 그렇고, 그 안에서 의미를 찾는 게 인생이라고 하면 되었지만, 도무지 유야무야有耶無耶 살아온 내 인생과 타협이 되질 않았습니다. 딸다운지, 선생님다운지, 엄마다운지, 아내다운지. 내 삶이 내 것인지, 내 의지가 있긴 한 건지 확신할 수가 없었습니다. '나'라는 병에 걸린 것 같았달까요. 세상의 기준에 따라 조각조각 살아온 내가 누구인지 알고 싶어진 게 마흔 무렵부터였습니다. 마지막 기회라고 생각했어요. 완성형의 삶이 있다고 믿었고 그런 삶을 쫓으려 했습니다. 잠자는 시간을 줄여가며 책을 읽었습니다. 그 안에 답이 있을 것 같았습니다.

읽으면서도 써야 한다는 생각은 하지 못했습니다. 아니 감히 엄두도 내지 못했다는 게 더 정확합니다. 마흔을 사는 동안 만들어진 내 인식의 틀 안에 '쓰는 나'는 없었으니까요. 그건 작가들만의 고유한 역할이라고 생각했습니다.

'쓰면 달라진다.'

방황 중 만난 지푸라기 같은 말이었습니다. 확인할 수 있는 근거는 어디에도 없었지만 어쨌든 방법이 글쓰기라는 건 그간 내가 시도했던 여러 무리한 방법들과는 차원이 달라 보이기도 했습니다. 무엇보다 그냥 해보고 싶었습니다. 어떤 목적 아래 동기를 만들어서 하는 일이 아니라, 안에서부터 끓어올라 하지 않고서는 도무지 어찌할 수 없는 일을 만났을 때, 그것을 피할 이유가 있을까요. 과장된 표현으로 '쓰기'는 어느 날 내 앞에 나타난 필연적 인연을 마주하는 것처럼 그랬습니다. 쓰고 싶었으니 써야 했습니다.

쓸 수 있는 나를 모두 꺼내 썼습니다. 글을 쓰기 위해서는 쓸거리를 찾아야 했고, 그중 가장 만만한 게 나 자신이었습니다. 가장 시급히 해결하고 싶던 문제였기도 했으니까요. 시선의 조리개를 때로는 넓게 때로는 좁게 조절해가며 뒤졌더니 알게 된 사실이 있었습니다. 그간 내 삶에 무수하게 쌓여 있던 '볼품없는 나'라는 기억 속에 버려도 되는 '나'는 단 한 번도 없었다는 것을요. 떠밀려 살아온 줄 알았지만 한 번도 대충 산 적은 없던 나를 발견했습니다. 삶에 던져진 순간마다 온 마음을 다했습니다. 그게 마흔의 방황을 겪게 한 이유라고 생각했어요. 내가 존재하는 열심이었는지, 그 진심의 시작과 끝을 찾아 명확히 하고 싶었습니다. 글은 나를 해부하게 했고, 발견하게 했고 사랑하게 했습니다. 써가면서 경험으로 얻게 되는 깨우침도 있었어요. 글과 함께 내 일상이 자랄 수 있음을 알았습니다. 눈 뜨는 게 고역인 날도 썼고, 발이 땅에 닿지 않을 만큼 과하게 들뜨는 날도 썼습니다. '나는….'이라고 시작하는 문장을 쓸 때마다 내가 여기 존재하고 있음을 선명하게 느꼈습니다.

매일 새벽, 잠을 깎아가며 여섯 뼘 남짓한 책상에 앉는 순간도, 콧대 높은 첫 문장과 벌이는 그 지루한 옥신각신도 마냥 쉽지만은 않습니다. 하지만 그것이 안으로 쌓고 숙성시켜 내 언어의 세계를 확장하는 일이라는 것을 알기에 쉬지 않고 새벽을 깨웁니다.

　인식은 언어의 면적과 비례합니다. 깊은 생각은 얼마나 깊은 언어를 소유하고 있는가와 연결된다고 봅니다. 글을 쓰며 깨닫습니다. 아는 것 이상으로, 안 것을 어떻게 표현할 수 있는가 또한 그만큼 중요하다는 것을요. 내가 누구인지 표현할 수 없다면 내가 누구인가를 알 길 또한 없기 때문이죠. 그런 면에서 나는 내 언어의 결핍을 절감했고, 절망했었습니다. 표현하고자 해도 그걸 담아낼 언어가 없었기에, 활자들 너머 풀어내지 못한 내 인식의 공백을 목도할 때마다 짙은 아쉬움을 느꼈습니다. 그 아쉬움이 소매를 걷어붙이는 글공부로 이어졌습니다.

　그래서였을 것입니다. 지난 1년, 일상이 기우뚱거릴 만큼 글에 집중했습니다. 나를 바로 보자면, 나를 벗어난 시선이 필요했고, 그러려면 더 많은 언어가 필요했습니다. 내 안에 없는 타인의 문장이 절실했습니다. 그걸 부지런히 탐하다 보니 내게 없던 말들이 다가왔습니다.

어둠을 가리는 빛도 있다는 것, 누구나 삶의 겨울을 지난다는 것. 어떤 겨울은 햇살 속에 온다는 것. 그런 타인의 말들이 내 인식의 공백을 메울 때마다 지금껏 내가 살아온 방식이 얼마나 편협했는지를 실감했고 동시에 가슴이 뛰었습니다. 조금 더 지혜롭게 살 수 있는 새로운 방법을 알게 된 것만 같았습니다. 실제 내 하루에서 그 말들을 꺼내 쓰며 살려고 애를 썼습니다. 도망치고만 싶던 힘든 하루를 진득하게 밀고 나가는 법을, 누군가의 겨울을 보는 눈이 생겼습니다. 쓰면 쓸수록 삶에 눈이 떠지는 기분이 들었습니다.

그걸 개인적 경험으로 남기기보다, 진짜 내 삶을 꿈꾸는 마흔 이후의 분들과 공유하고 싶었습니다. 그래서 부지런히 모아뒀던 한 뭉텅이의 글을 다시 정리했습니다. 언 땅을 비집고 싹을 틔운 봄의 몸짓처럼 조심스럽지만, 한편으로는 흔하고 당연한 고백이 될지도 모르겠습니다. 어쩌면 너무나 빈약하기도 한 일상의 이야기들일지도요. 하지만 그 보통의 삶 속에서 나를 발견하는 시선이 얼마나 귀한지를 전하고 싶습니다. 삶은 반복되지 않고 앞으로 흘러가기만 할 뿐입니다. 일상에서 그 차이를 감각할 수 있다면 어제와 같은 하루, 어제와 같은 의미는 없을 것입니다. 글쓰기는 그걸 가능하게 만듭니다.

여기저기 부끄러운 문장들에 툭툭 발이 걸리는 기분입니다. 그렇더라도 주춤하지 말아야겠다고 생각합니다. 내 삶 바깥에는 아직 살아보지 못한 언어가 무수하며, 그 언어를 다 살아보지 않는 한 언제나 부족할 수밖에 없음을 알기 때문입니다. 그게 쓰기를 멈출 수 없는 이유입니다.

1장
―
마흔에 만난 글

새벽의
이유

나는 새벽에 글을 씁니다.

새벽 4시 반은 부지런히 아침을 향해 가고 있는 시간이지만, 집 안은 여전히 한밤중인 듯 멈춰 있습니다. 지금처럼 어둠이 긴 겨울은 특히나 더 그렇지요. 그 정적을 비집고 잔잔한 알람이 울립니다. 슬며시 번져나가는 소리가 은근히 내려앉는 새벽과도 닮았어요. 잠을 깨려고 듣는 소리가 이렇게 차분해도 될까 싶었지만, 신경질적으로 파고드는 알람보다 의외로 효과가 좋습니다. 거친 기분으로 눈뜨지 않을 수 있거든요. 다소 예민한 내 성격에 잘 맞습니다.

다른 나로 살아보고 싶어 시작했던 새벽 기상이 벌써 5년 차에 접어들었어요. 처음엔 번쩍번쩍 눈이 떠지고 몸이 움직이더군요. 끓는 마음으로 명상과 필사를 하고 영어공부, 거기에 운동까지 끼워 넣었습니다. 마음이 앞서 다소 많은 걸 욕심내던 시간이었죠. 조급하던 마음도 시간이 흐르며 점차 차분해졌습니다. 여러 가지에 쏟던 에너지가 점차 한곳에 모이기 시작했어요. 바로 글쓰기였습니다.

좋은 문장을 읽으면 따로 떼어 모아두고 내 생각을 적었어요. 생각이 확장되는 느낌이 좋았습니다. 그런 시간이 쌓여 지금의 새벽 글쓰기 습관이 되었네요. 등 떠밀려 한 게 아니라 스스로 마음이 동해 시작한 일이다 보니 힘든 줄 몰랐습니다. 새벽이 기다려질 지경이었달까요. 그만큼 '내가 만들어가는 내 삶'이 간절했다는 말일 겁니다. 그랬던 새벽 기상이 근래에는 슬쩍 힘에 부치는 날도 많은 게 사실이에요. 체력이 닳아가는 나이 탓인지, 모든 게 움츠러드는 겨울 탓인지 알람 소리를 듣고도 뒤척이는 날들이 잦아지거든요. 하지만 기어이 자리를 털고 일어납니다. 그건 여전히 존재하는 내 삶에 대한 의지 때문이겠지요. 정해진 하루에 끌려다니고 싶지 않습니다. 해 뜨는 시간보다 먼저 일어나 내 삶을 앞에서 이끌어가고 싶습니다.

그렇게 보면 나의 새벽은 오늘을 잘 살기 위한 담금질의 하나라고 할 수 있겠네요. 하루 중 머리가 가장 맑은 새벽에 깨어 현상 뒤의 본질을, 나를 넘어 우리를 말하는 글을 읽으며 시야를 터 나갑니다. 오늘을 잘 살기 위해서는 내가 바로 서야 하고, 내가 바로 서려면 너와 나, 즉 '우리'를 함께 볼 수 있어야 하기 때문입니다. 그 시선을 머금은 채 나의 글을 써요. 의무와 절차로 가득할 오늘에 여유를 심어주는 글, 습관과 고집으로 똘똘 뭉친 나를 헤집어 유연하게 만드는 글을 쓰려고 노력합니다. 이런 새벽을 거쳐야 걷잡을 수 없이 쏟아지는 오늘 하루가 조금은 느려질 수 있습니다. 버겁게만 느껴지던 하루가 제법 만만해질 수도 있습니다. 그래야 정신없이 해치우지 않고 하나하나 공들일 수 있습니다.

커피를 즐겨 마시던 나였지만, 새벽 시간 만큼은 잎차를 가까이하고 있습니다. 빈속에 쓴 커피가 부담스럽기도 하고 어쩐지 새벽, 글쓰기, 차, 이 세 가지가 참 잘 어울린다는 생각이 들거든요. 다도茶道라고 하지요. 차를 마시는 데 '마땅히 지켜야 할 도리'가 있다는 말입니다. 차에 대한 조예가 깊은 건 아니에요. 해서 적당한 물의 온도, 정량의 찻잎, 찻물을 우리는 시간, 이런 세세한 과정을 알알이 알고 지켜 마시는 수준은 못 됩니다. 하지만 한 잔의 차를 입에 대기까지 각 단계를 서두르지 않고 가만히 지켜보는 느낌으로 차를 만들어요. 그러다 보면 절로 마음이 정돈됩니다. 이게 바로 명상이지요. 천천히 조용하게 우러나는 맑은 찻물은 이 새벽과 참 많이 닮았습니다. 또 번거롭더라도 조금씩 나누어 마신다는 점에서는 글쓰기와도 닮았고요. 완성된 하나의 글은, 신중한 한 자 한 자가 쌓이고 쌓여 이루어지니까요.

지금처럼 겨울 냄새가 남은 초봄의 새벽에는 진한

쑥차가 어울려요. 쑥은 몸에 열을 내주기도 하지만, 무엇보다 봄의 도래를 알리는 신호와도 같지요. 찬 공기를 뚫고 풍성하게 피어난 쑥은 봄이 왔음을 실감케 합니다. 새벽에 마시는 따뜻한 이 쑥차 한 잔이 추운 오늘 내 하루에도 온기를 불어넣어 주었으면 합니다. 찻잎 봉투를 열자 순식간에 몸에 스미는 쑥 내음에 푸르게 움트는 대지의 새싹을 떠올립니다. 잠에서 덜 깬 내 하루가 덩달아 활짝 기지개를 켜는 기분이 듭니다.

  차가 우려지는 동안 틈틈이 모아둔 반짝이는 문장을 꺼내 읽습니다. 이것은 어떤 의식 같은 것입니다. 마른 찻잎이 뜨거운 물을 만나 향과 맛을 뿜어내듯, 밤사이 단단히 굳어진 머리를 좋은 문장들로 녹여 나만의 글을 써내기 위함이랄까요. 시선을 붙드는 문장을 만나면 그때부터 자판 위 손가락이 분주해집니다. 싱싱하게 갓 피어난 영감이 생기를 잃을까 초조해서 그렇습니다. 막연히 떠오른 솔기 없는 생각들을 쏟아내 쓰고 지우고 쓰고 지워요. 그걸 반복하다 보면 이내 뚜렷한 몸뚱이를 가진 하나의 문장이 되지요. 이런 식으로 새벽에 길어 올린 문장은 그날 하루를 살게 하는 소소한 힌트가 되어 주기도 하고, 진저리나도록 묵직한 깨달음을 던져 주기도 합니다. 그 한 줄이 얼마나 뿌듯한지 모릅니다.

  느리게 만들어진 차 한 잔을 입안에 머금었습니다. 찻물이 식도를 채 지나기도 전에 진한 쑥의 향기가 이미 손끝까지 퍼져 온기를 전합니다. 지금, 밖의 초봄의 땅은 여전히 차게 얼어 있지만 눈 깜짝할 새 말랑해질 것입니다. 그 아래에는 벌써 쑥, 냉이와 이름 모를 여러 풀들이 바지런을 떨고 있겠지요. 손가락만 한 작고 여린 몸뚱이로 감히 이 육중한 땅을 가르고 오르겠노라, 아무렇지 않게 마음먹고 있을 것입니다. 거대한 땅은 제 몸을 찢어 기꺼이 자리를 내어 줄 테고요. 그게 땅의 순리이고 풀의 이치입니다. 그렇게 또 한 번의 계절이 시작됩니다. 쑥, 고작 이 한 줌의 찻잎이 아직 오지 않은 봄의 생동을 전했습니다. 아무도 깨어 있지 않은 시간, 닫힌 방 안에서 나는 생명의 고귀함, 자연의 이치와 순리, 조화로운 삶 같은 경계 없는 말들을 떠올렸습니다. 분주한 낮이라면 흘려버렸을, 아니 흘려 버린 줄도 몰랐을 귀한 발견. 그걸 붙들어 음미할 수 있는 이 새벽이 좋습니다. 이것이 어떻게든 새벽에 깨어 있으려는 이유입니다.

  그래서 나는 오늘도 새벽을 깨웁니다.

문장 공부

좋은 책을 만나면 숨이 찹니다.

잘 익은 가을 열매처럼 묵직한 문장들이 쉴 새 없이 쏟아지는 책. 그런 책을 읽고 있으면 도중에 자주 멈추게 됩니다. 급히 읽다가 혹여 한 자라도 놓칠까 안달이 나서 그렇습니다. 그럴 때는 잠시 책장을 덮고 숨을 고를 수밖에 없습니다.

글이 너무 좋아도 실소가 터질 수 있다는 것을 처음 알았습니다. 경외할 만큼 깊은 사유의 흔적, 빈틈없는 논리 위에 쌓아가는 참신한 주장으로 가득한 책들이 그런 경우인데요. 반기를 들 새도 없이 속수무책으로 설득당하니, 얄팍한 나로서는 존경과 좌절을 동시에 느낀달까요. 우수수 떨어지는 좋은 문장들을 정신없이 받아내다 보면 피식피식 허탈한 웃음이 납니다. 나는 근처에도 가보지 못하는 높은 시선, 언젠가 거기에 닿는 날이 오기는 할까 막막해지는 것입니다. 나도 아는 내 한계를 자꾸만 눈앞에 들이대는 것 같습니다.

하지만 곧장 마음을 고쳐먹습니다. 어쨌든 나는 지금 새로운 세상을 훔쳐본 거라고, 모르면 몰랐지, 한번 맛본 이 쾌감을, 이 경외심을 영영 남의 것으로만 남겨둘 수는 없노라 작심합니다. 이 순간의 감동을 고스란히 담은 글을 쓰고 싶습니다. 그런 시선을 갖고 싶습니다. 반드시 거기에 가 닿고야 말 것입니다. 좋은 글을 만날 때마다 탐욕스러워지는 나를 봅니다.

예전에는 생각할 줄을 몰랐었습니다. 더 정확히는 생각하기를 거부했다고 해야 맞을 것입니다. 머릿속에 무언가가 떠오르긴 했지만, 그 단상을 붙잡아 문장으로 펼치지 못했고 그러니 사유가 뻗어 나가질 못했습니다. 문장과 문장이 이어지면서 인식의 눈이 떠지고 생각이 흘러야 하는데, 사유의 물꼬를 터줄 언어가 없었습니다. 빈약한 언어로 생각하려니 피곤할 수밖에요. 내가 가진 언어의 한계가 곧 내 세상의 한계라는 말은 부정할 수 없는 참이었습니다.

읽고 쓰기 이전의 나는 시를 몰랐습니다. 내 세상에는 시의 언어가 없었습니다. 고백하자면, 그때까지의 내게 시라는 것은 어떤 대책 없는 낭만 같은 것에 지나지 않았습니다. 마치 힘센 현실 뒤, 보이지 않는 곳에 숨어서 목청껏 소리치는, 의미 없는 노랫말처럼 읽혔습니다. 그래서 필요할 때만 시를 들췄습니다. 삶이 지루해 여유를 부리고 싶은 날, 그럴듯한 예술을 감상하듯 한가롭게 시를 부렸습니다. 읽고 쓰기 고작 몇 년 했다고 시의 언어에 유능해졌다는 건 아닙니다. 글을 대하는 태도가 곧 사람과 세상을 대하는 태도라 믿게 된 지금, 이제 나는 감히 시를 부리지 않습니다.

그럼에도 불구하고, 시로써는 아무것도 할 수가 없다.

밥벌이를 할 수도, 이웃을 도울 수도 없고 혁명을 일으킬 수도 없다.

다만 다른 이가 배고파 울 때 같이 운다든가, 다른 사람들이 울지 않을 때

그럼에도 불구하고 과감히 울어버릴 수 있다는 것뿐이다.

– 최승자의 〈이 시대의 사랑〉 평론 중에서

이 글귀를 몰랐다면, 아마도 나는 평생 시 앞에서 오만했을 것입니다. 시를 쓰는 이유가 타인의 삶에 공명하기 위해서라는 걸, 모든 삶의 순간에 깨어 있기 위해서라는 걸, 그렇게나 처절한 생의 의지였다는 것을 죽었다 깨나도 알 수 없었을 것입니다. 작가의 문장을 타고 혼자서는 상상할 수도 없는 저 너머를 보는 이런 경험을, 이 쾌감을 무엇으로 설명해야 할까요. 지금까지의 내 세상이 그렇게 부끄럽고 초라할 수가 없었습니다. 더 많은 언어로 채워지며 매일 조금씩 더 넓어지는 나를 도저히 그만둘 수가 없습니다.

그래서 문장을 모읍니다. 그것들이 내 막힌 시야를 야금야금 터나가 주기를 기대하면서 차곡차곡 빠짐없이 담습니다. 문장 아래에는 그것이 불러온 단상들도 함께 적어둡니다. 좋은 문장이 준 영감이나 깨달음 같은 것들을 즉시 글로 써보는 것인데, 한 줄만 넘어가도 사라질 영감을 붙들어 시선을 키우려는 나만의 글쓰기 공부법입니다.

아무리 벅찬 마음으로 쓴 문장이라고 해도 그것이 전부 보석이 되지는 못합니다. 나중의 어느 날 들춰보다가 얼굴이 달아오르는 경우가 더 수두룩합니다. 당시에는 몰랐던 색안경이 이제야 보이거나, 어울리지도 않는 부끄러운 치장이 보일 때, 혹은 주제넘게 감히 세상을 다그치듯 쓴 글들이 보일 때가 그렇습니다.

그조차도 반가운 일이라고 한다면 너무 작위적으로 들릴까요. 과거의 내 글이 부끄럽게 읽힌다는 말은 곧, 그때의 나로부터 몇 뼘은 더 성장했다는 의미이니까요. 읽고 배울 책이 남들보다 많아서 다행입니다. 마흔에도 쉰에도 더 자랄 여지가 무궁하다는 말이니, 이보다 설레는 일이 없습니다.

나를
감당하는 일,
쓰기

　아이가 울음으로 언어를 대신하듯 쓰기와 멀었던 긴 시간 동안 나는 감정이 실린 몸으로 내 언어를 발산했었습니다. 기쁘고 신나는 감정에서 나오는 행동이야 문제가 되지 않지만 그 반대가 문제였습니다. 분노와 좌절, 짜증과 수치, 열등과 질투 같은 거친 감정이 어른스럽게 다듬어 표현되지 않았습니다. 가진 언어가 마땅치 않기 때문이었습니다. 어떻게든 마음을 다잡고 간신히 입을 열라치면 그 설움이 입보다 눈에서 먼저 터져 버렸고, 그거 목구멍을 가득 메워 해야 할 말조차 제대로 이어갈 수가 없었습니다.

 나조차도 내 감정을 설명할 수 없는 날이 많았습니다. 서운할 일이 아닌데 서운했고, 화가 날 일이 아닌데 화가 났습니다. 설명할 수 없으니 입을 꾹 다물었지만, 해결되지 못하고 쌓이기만 한 감정은 결국에는 손쓸 수 없이 넘쳐 버리고는 했습니다. 별안간 욱하거나, 눈물을 뚝뚝 흘렸습니다. 매사에 별로인 사람이 어쩌다 한 번 잘하면 '알고 보면 좋은 사람'이 되지만, 꾹꾹 참다가 한 번씩 터지는 나 같은 사람은 '이상한 면이 있는 사람'이 되는 것 같았습니다. 느닷없이 터지는 나를 경험한 이들에게 아마도 나는 종잡을 수 없는 사람이었을지도 모르겠네요. 불편함을 느끼는 그때그때 유연하고 어른스럽게 해결했어야 했는데 그만한 요령이 없었습니다. 참아주고 있는 나를 주변에서 알아서 눈치 채고 적당히 처신해 주길 바라는 미숙함이었습니다.

 쓰기를 시작한 후 달라진 게 있다면 어떻게든 내가 나를 감당하고자 애를 쓰게 되었다는 점입니다. 나는 기쁘거나 잔잔할 때보다 출렁거리며 이리저리 치달을 때 책상에 더 자주 앉습니다. 세상이 유독 내게만 가시를 세우는 것 같은 날, 내 안에 잔뜩 낀 녹조로 나조차도 내가 경멸스러운 날, 당연히 해내야 하는 일들을 마땅하게 해내지 못해 실패감에 찌든 그런 날, 나는 더 열렬히 쓰려고 하는 것 같습니다. 아직도 왈칵 솟아난 감정들에 씩씩거리는 게 먼저긴 하지만, 되도록 빨리 호흡을 정리하려고 노력합니다. 전처럼 투정을 부리다가도 냉큼 정신을 차리고 나를 단속합니다.

매운 혀에 뜨거운 물을 머금듯 쓰기는 내 안에 일어난 통증을 더 예리하고 강렬히 느끼게 하지만 금세 사그라들게도 만듭니다. 불편한 순간을 글로 쓰려면 통증이 생긴 지점이 어디쯤인지, 무엇 때문인지, 어떤 통증인지를 정확하게 설명할 수 있는 언어를 골라내야 합니다. 그러려면 내 감정을 제법 오래, 아주 자세히 쳐다봐야겠지요. 수치스럽고 부끄러워도 시선을 피하지 말고 직면해야 합니다. 내가 내 감정의 출처와 생김새를 제대로 알고 나니 신기하게도 불편함이 사라졌습니다. 글쓰기가 그런 치료의 효과도 가진다는 사실을 실감했습니다. 따지고 보면 나의 쓰기는 무척이나 이기적일 수도 있습니다. 고작 나 하나 감당하자고 시작한 것이니까요. 하지만 그것은 내 불안을 내가 도맡는 격이고, 치달은 감정의 불씨가 엉뚱한 곳으로 튀는 걸 사전에 막는 일이기도 하니 제법 대견하다 할 수 있지 않을까요? 나에게 더 유능한 내가 되길 바랍니다.

'나' 각성제

하루를 살아서가 아니라, 하루치 생각밖에 못 해 하루살이인 거야.

열네 살의 어느 여름밤 썼던 문장이었습니다. 오래된 일이지만 이 한 문장만큼은 기억이 또렷합니다. 당시 중학생이었던 나로서는 제법 진지했던 인생 첫 자작시였습니다. 그 한 줄이 마흔으로 접어든 어느 날 느닷없이 되살아났습니다.

그때 나는 가로등에 뛰어드는 하루살이 떼를 멍하니 보던 중이었습니다. 불빛에 이끌려 치열하게 날아든 벌레들은 예상치 못한 열기에 황망히 생을 마감하고 있었습니다. 언젠가 티브이에서 보았던 어른들이 겹쳐 보였습니다. 허무하게 죽어가는 눈앞의 벌레들이, 도박이나 술에 빠져 종국엔 제 삶을 스스로 망쳐 버리던 그 사람들과 다르지 않아 보였거든요. 벌레에게는 그것이 본능이라지만, 어쨌든 가로등은 달빛이 아니니까요. 물불을 가리지 않고 달려드는 모습이 어리석어 보이긴 매한가지였습니다.

삶이 대체 무엇인지도 모를 나이였지만 사색은 때로 경험을 뛰어넘는 영감을 주기도 하는 모양입니다. 그 순간의 내게는 불현듯 쓰고 싶다는 욕망이 일었고, 노트와 연필을 가지고 와 마룻바닥에 배를 깔고 무작정 썼던 기억이 납니다.

그 노트는 당시 반에서 돌아가며 한 번씩은 꼭 써야 했던 〈학급 일기장〉이었습니다. 선생님의 검열을 거치고 반 친구 모두가 보는 글. 사실 말이 일기지 우리에게는 미루고 싶은 숙제 중 하나일 뿐이어서 누구도 거기에 자기 속내를 쓰지는 않았습니다. 일기장에는 억지로 떠밀려 쓴 듯한 글이 마지못해 적혀 있었습니다.

숫기 없는 아이로만 생각한 선생님이 내 글을 기특하게 보신 모양입니다. 다음날 담임 선생님은 내가 쓴 시를 친구들 앞에서 낭독해 주셨고 부모님에게까지 전화를 주셨습니다. 처음이었습니다. 생각 없이 쓴 글에 칭찬을 듣게 되니 어리둥절하면서도 뿌듯했습니다. 등 뒤로 묵직한 지지대 하나가 서는 기분이었습니다.

그때를 회상하다 문득 손가락을 펼쳐보았습니다. 그 시절 가슴 뻐근할 정도로 뿌듯했던 기억들이 열넷과 마흔 사이에 몇 번이나 있었던가. 임용고시에 합격했을 때, 눈에 넣어도 안 아픈 아이들을 낳아 품에 안았을 때, 공개수업을 성공적으로 마쳤을 때…. 손가락을 꼽아보는데 다섯 번째 손가락을 까딱까딱하며 기억을 더듬어봐도 마지막 손가락을 접지 못하겠습니다. 열심히는 살았는데, 마흔 해를 산 동안 기억에 남는 순간들이 고작 이 정도라니.

사실 돌아보면 그도 그럴 게 스물 이후 삶의 중심을 차지한 질문은 '무엇을 하고 싶어?'보다는 '무엇을 할 수 있어?'였던 것 같습니다. 되도록 자기 객관화하려 노력했습니다. 분수를 알자, 뭐 그런 것이겠지요. 한계를 그어 놓고 그 안에서 안전하게 살 수 있는 방편을 고민한 스물, 서른이었습니다. 그 안에서만 바지런을 떨며 살았으니 그건 성실함이면서 동시에 나아가기 두려워 현실에 안주하는 일이기도 했습니다. 말하자면 '성실한 게으름'이랄까요?

 글을 적다 보니 열넷에 쓴 그때의 시로부터 어쩌면 나는 한 걸음도 나아가지 못한 게 아닌가 하는 생각이 듭니다.

 인생에 '만약'은 없다지만 그래도 지금처럼 만약을 생각해 보고 싶을 때가 있습니다. 형편상 포기했던 문예창작과에 입학했더라면, 삶이 술술 풀려 제법 경력을 쌓은 작가가 되었더라면 지금의 나는 어떤 모습을 하고 살아가고 있을까요. 반대의 경우도 상상해 보았습니다. 작가가 되어 보겠노라 마음먹었더라도 도중 어디쯤 포기했을지 모릅니다. 밥과 글 사이에서 분투하다 항복했을 수도 있고요.

어느 쪽이든 가정을 밀고 나가다 보면 도착점은 결국 지금의 나였을 것이란 생각이 듭니다. 가다 보면 자꾸만 흐려지는 게 삶 같습니다. 흐릿해진 삶의 가장자리를 꾹꾹 눌러 윤곽을 잡아보려 결국 글을 썼습니다. 켜켜이 삶의 먼지가 쌓이고 살아온 세월이 시야를 흐리게 할 때, 그때가 내 쓰기의 재 출발점이었다는 생각을 해봅니다.

생각은 흘리면 기억이 되고, 담으면 글이 됩니다. 쓴다는 것은 담고, 읽고, 확인하며, 음미하겠다는 의지입니다. 쓰기는 내가 나를 확인하는 정성입니다.

열네 살의 내가 남긴 한 문장이 마흔의 내가 살아갈 이정표가 되었습니다. 오늘 쓴 이 몇 줄이 내 예순의 어느 날, 혹은 여든의 어느 날 불쑥 떠오르기를 바랍니다. 그렇게 끊임없이 다시 깨어나는 나였으면 합니다.

마흔의
초고

　벌써 나흘째 붙들고 있는 한 꼭지 글에 영 진전이 없습니다. 언제쯤이면 나도 술술 쓸 수 있을까요? 좋아서 쓰는 글이지만 재능은 없는 게 분명합니다. 한 꼭지 쓰는데, 그것도 초고를 쓰는데 얼마의 시간이 필요한지 여전히도 대중이 없어요.
　며칠 전 밤하늘에 뜬 말간 달을 보고 '참 달답게 이쁘게도 떴네.' 하는 생각을 했더랬어요. 문득 '무엇이 무엇답다는 건 뭘까' 하는 질문이 생겼고, 나다움에 관한 이야기를 써보자 싶었지요. 노트북을 열고 흰 여백을 마주할 때의 막막함은 겪어보지 않으면 모릅니다. 한참 모니터를 노려보다 겨우 두드린 몇 글자에 금방 삭제 버튼을 누릅니다.

누가 읽어도 충분히 매력적인 첫 문장을 고민하기 시작합니다. '동그란 달이 떴다'가 나을지, '말간 달이 떴다'가 나을지, 그도 아니면 달을 과감히 포기할지, 수십 번을 썼다 지웠어요. 간신히 첫 문장을 해결하고 나서는 어땠게요. 어떤 말이 앞서야 매끄럽게 읽힐는지 몇 줄 되지도 않는 문장을 또 이리저리 옮겨 붙여대느라 부산을 떱니다. 아직 본론 근처에도 못 갔는데 엉뚱한 데서 진을 빼요. 마치 한눈팔다 길을 잃은 느낌이랄까요? 어느 순간에는, 대체 내가 하려는 말이 무엇이었는지, 과연 그게 독자에게 필요한 말인지조차 확신이 서지 않기 시작합니다. 이런 마음이 들기 시작하면 더 볼 것도 없어요. 나흘이 아닌 한 달이 걸린 글이래도 가차 없이 휴지통에 넣어 버립니다.

완벽한 초고는 없다지요. 내가 하려는 말, 그것만 꼭

붙들고 물꼬를 터 나가야 한다는 걸 모르지 않아요. 속을 한바닥 풀어놨으면 미련 없이 다음으로 넘어갔다가 돌아와 차분히 읽고 고치면 될 일입니다. 그러니 이야기만 엉키지 않았다면 다소 거칠어도 괜찮을 거예요. 그걸 알면서도 잘 생긴 글을 쓰려는 미련을 떱니다. 그건 마치 옷을 수선할 때 끝없이 한자리에 박음질을 해대는 것과 같아요. 아무리 튼튼한 박음질이면 뭐하나요. 조금씩 진전하며 끝까지 박아야 옷이든, 가방이든 만들어질 텐데요. 불필요한 노력입니다.

문득, 내가 살아온 방식처럼 글도 그렇게 쓰고 있는 게 아닌가 하는 생각이 들어요. 나는 그간 내가 가는 이 길이 맞는지, 진짜 살고 싶은 삶이 무엇인지도 잊어버린 채, 남에게 그럴듯하게 보이기 위해서만 안간힘을 쓰며 살았습니다. 보장된 신분, 안정적인 생활이라는 타이틀만 바라보며 열심히 공부했지만, 정작 교사가 되어서는 '어라, 이게 아닌데.' 했어요. 어쩌다 이 자리에 온 건지, 아이들을 좋아하기는 하는지, 뒤늦게 심각해지기 시작한 거죠. 초고에 집착하다가 결국엔 다

지워버리고야 마는 지금의 제 글쓰기와 많이 닮았다는 생각이 듭니다.

그리 보면 삶과 글은 여러모로 비슷하네요. 글에 완벽한 초고가 없듯, 두 번씩 살 수 있는 인생이 아니라는 걸 생각하면, 어떤 삶도 완벽할 수 없는 게 당연하니까요. 모든 순간이 초고라면, 삶의 허리띠를 좀 풀어도 되지 않을까 싶은 생각도 듭니다. 게으르고 나태한 오늘도 조금은 허용하고, 성에 안 찬 결과에 대해서도 적당히 잘했다 넘기며 내일 다시 고쳐 살면 될 테니까요.

하지만 삶이 글과 다른 한 가지가 있죠. 바로 '삭제' 버튼이 없다는 것입니다. 마음에 안 드는 문장은 지워버리면 그만이지만 삶은 그럴 수 없지요. 눈감고 싶은 기억도 끌어안아야 합니다. 그게 완벽하진 못해도 최선의 신중한 오늘을 살아야 하는 이유입니다.

마흔이 넘은 지금에 와서야 내가 나의 주인으로 살고 싶어졌습니다. 그래서 마음이 가는 쪽으로 결정을 내리고 글 쓰는 존재로의 도전을 이어가는 중입니다. 내가 변해 그런 건지, 아니면 그런 나를 대견히 여겨 세상이 한발 비켜서주는 건지, 사는 게 전과 달라졌습니다. 인생에 또 다른 봄이 찾아온 듯, 길가의 풀 한 포기도 다정하게 손짓하는 느낌입니다. 하지만 이 또한 초고라는 걸 생각하니 요란하게 붕 뜬 마음이 차분해집니다. 지금의 설렘 가득한 마흔이 언젠가 수정이 필요한 오늘이 되겠지요. 하지만 주춤할 필요도 없을 거예요. 최선을 다한 나의 오늘이 만든 실수와 미흡함은, 내일로 넘어가며 차근히 고쳐나가면 될 일이니까요. 그러니 일단 계속 걸어가 보기로 합니다.

부족한 마흔이겠지만, 그간 내 삶에 무수했던 여타의 초고들과는 다름을 자신합니다. 이제는 내 삶에 뚜렷한 주제가 생겼으니까요. "모든 순간의 나를 확신하기" 당분간은 이 문장을 삶의 주제로 삼아볼 참입니다. 언제가 될지 모르지만 인생의 종착지에 다다를 때, "그래, 재미있게 잘 살았어. 나답게 살았네."라며 만족스러운 마지막 문장을 남기고 싶습니다. 더디더라도, 가끔은 잘못된 길에 들어서더라도, 내가 가야 할 방향만 기억하고 간다면 포기하지 않고 끝까지 갈 수 있을 거예요. 삶 속에서 덜어내거나 더해야 할 순간들을 계속 맞닥뜨리더라도 흔들리지 않는 하나의 결이 내 삶을 관통할 것입니다.

휴지통에 넣었던 글을 복원시켜 열었습니다. 내 이야기에 힘을 얻을 독자가 단 한 명이라도 있을 거라는 믿음, 그 확신으로 초고를 완성해 보려고 합니다. 확신이 자기다움을 만들어 갈 것입니다. 지금 시작하는 서툰 마흔의 첫 문장이, 언젠가 간결하고도 단단한 내 삶의 완고로 이어질 거라 믿습니다.

당당한 쓰기

"어디까지 써야 할까."

글 쓰는 사람이라면 피해갈 수 없는 질문입니다.

글이란 건 쓸수록 참 묘해요. 실제의 나는 말수가 많은 편도 아니고 제법 낯가림도 있거든요. 그런데 신기하게 글 앞에서는 솔직하고 당당해집니다. 자질구레한 치부 혹은 지나간 실수 같은 것들을 고백하기도 하고, 내 생각을 자신 있게 써 내려 가기도 해요. 하지만 동시에, 공개의 마지노선을 고민하기도 합니다. 더 써도 될지, 이 글로 인해 가슴 아플 누군가가 있진 않을지 생각하고 생각합니다. 처음 글을 쓸 때는 이 점이 매번 발목을 붙잡더군요. 배포 있게 써 놓고도 결국 비공개로 전환하거나, 적당히 가리고 다듬어 누구나 읽을 만한 글로 고쳐 쓴 적도 많았습니다. 그때마다 지금 내가 사려 깊은 배려를 하는 중인지, 소심한 타협을 하는 중인지 헛갈렸습니다.

첫 책을 쓰면서도 필명에 대해 고민했더랬어요. 책의 내용은 십수 년 해온 내 직업에 대한 글이었습니다. 교사로서 자괴감이 들게 했던 사건들, 자존감이 바닥을 치고 그래서 도망치고 싶기만 하던 순간순간의 감정을 고백하듯 써 내려갔어요. 끓는 마음으로 거침없이 써낸 글에는 나의 치부는 물론이고 나를 아프게 했던 누군가의 치부도 들어 있었죠. 거기에 막상 내 이름 석 자를 달려니 왠지 모르게 멈칫하게 되더군요. 여러 밤을 모로 누워 묻고 또 물었어요.

거짓 한 점 없는, 그저 내가 나를 살핀 글이었습니다. 나의 고백이 같은 방황을 겪을 누군가에게 따뜻한 공감이 되어주길 바라는 마음이었고요. 아픈 이야기도 있었지만 반대로 감사와 기쁨, 벅참을 느끼게 한 에피소드들도 분명 쓰였습니다. 바로 그런 순간들이 오늘까지의 나를 이끌었다는 것도 글을 쓰며 알았어요. 그만두려던 일터로 다시 돌아가야겠다고 마음을 고쳐먹은 것도 글을 쓴 덕분이었습니다. 어찌 보면 나를 다시 살게 만들어준 글인데 대체 무엇이 두려운 건지 생각했습니다. 주눅 들 이유가 없더군요. 고민은 오래가지 않았어요. 오히려 책 표지 가장 잘 보이는 곳에 내 이름 석 자를 새기기로 했습니다.

속싸개에 싸인 첫 아이를 품에 안았을 때 느꼈던 감정이 있어요. '기쁨, 감동, 대견' 같이 나를 껴안는 단어들이 힘껏 밀려들었지만, 무엇보다 묵직하게 품에 안긴 단어는 '책임감'이었습니다. 최선을 다해 열 달을 품고 이제 막 세상에 내놓은 깨끗하고 순결한 존재. 중량감조차 느껴지지 않는 솜털같이 보드라운 배냇머리를 쓸어보고, 손바닥보다 작은 얼굴에 충실히 들어 있는 이목구비를 찬찬히 훑으며 반복해서 말했습니다.

"부끄럽지 않은 엄마로 살 거야."

그 다짐은 아이를 키우면서 내려왔던 모든 결정의 기본값으로 자리했습니다.

첫 책을 손에 쥐자 그때가 떠오르더군요. 성글고 부족한 줄로만 알았던 내 삶이 책이라는 물성을 가지고 손에 들리던 순간 가슴이 벅찼습니다. 속으로 되뇌었어요. 앞으로 몇 권의 책을 더 쓰게 될지는 모르지만, 내 책의 표지에는 항상 '전유정'이라는 이름 석 자를 뚜렷하게 새기자고. 솔직하고 당당하게 쓰겠다고, 성급한 마음에 행여나 글이 삶을 앞서는 순간이 있더라도 더없이 막중한 책임감으로 부지런히 따라가며 살자고 다부지게 가슴에 새겨 넣었습니다.

아무도 삶을 쉽게 살아갈 수는 없을 거예요. 인생이라는 바다에선 누구에게나 파도가 치기 마련이니까요. 사는 게 그렇잖아요. 나는 아무런 잘못도 없는데 감당할 수 없는 시련이 찾아들기도 하고, 스스로도 이해할 수 없는 실수를 범하기도 하지요. 태생이 밝은 사람처럼 넘치는 자신감으로 가득 찬 날이 있는가 하면, 때때로 입김만 한 바람에도 와르르 무너지는 초라한 날도 있는 게 사람 사는 모습 같습니다.

순탄하기만 한 삶이라면 굳이 글로 쓸 필요가 없을 거예요. 부족한 하루일수록 더 시원하게 열어 그 안의 나를 돌아봐야 할 것입니다. 어쩌면 글쓰기의 목적은 그게 다일 거예요. 붙들고 돌아보고 고쳐 살다 보면 여기저기 성글고 모자랐던 오늘의 나도 언젠간 조금씩 메꿔져 가겠지요.

거침없이 써낸 내 글이 누군가에게 상처를 주는 게 아니라면, 망설일 필요는 없을 겁니다. 너무 다듬고 너무 가리는 글은 결국 타협에 지나지 않을 테니까요. 내 삶과 글에 당당해질 겁니다.

삶 트기

한 사람을 제대로 알려면 사계절을 지내보라는 말이 있지요. 당장의 모습이 전부가 아니니 상대가 가진 감정의 사계절을 다 경험해보라는 말일 겁니다. 그리 생각하면 깊은 관계를 맺어가는 데 있어 시간의 양은 반드시 필요하다는 생각도 듭니다.

저 역시도 그 말을 따르며 살아왔더랬어요. 오래 사귀어야 친구가 될 수 있다고 믿었고, 그래서 여간해서는 쉽게 마음을 열지 못했습니다. 과거의 어떤 경험이 나를 그리 만들었는지는 모르겠지만, 언제나 마음속에 벽 하나를 친 것처럼 살았어요. 덕분에 손에 쥔 관계의 폭이 빈약할 수밖에 없었지요. 워낙 내향적인 기질이라 인맥이 좁다는 사실이 크게 아쉽진 않았어요. 하지만 나이가 들수록 나 자신이 조금 더 객관적으로 보이기 시작하더군요. 나는 모든 관계 안에서 늘 '어쩐지 불편한 사람'처럼 보이는 것 같았습니다. 수긍이 갔어요. 아무리 배려심이 많고 친절하더라도 제 속을 터놓지 않는 사람을 가까이하고 싶은 이는 없을 테니까요.

그렇게 닫혀 있던 제가 글을 쓰면서 달라지기 시작했습니다. 글 앞에서는, 글로 엮인 관계 안에서는 주저 없이 나를 쏟아내게 돼요. 바라는 것 없이 마음이 열리고 눈매가 풀어집니다. 어지간해서는 터놓지 못했던 속말이 글을 타고서는 시키지 않아도 술술 흘러나와요.

덮어놓고 거리를 두며 살아온 내가 그 본능을 거스르기가 쉬웠을까요? 공개하는 글을 쓴다는 건, 있는 그대로의 나를 내보이는 것이었습니다. 당연히 두려웠습니다. 그래서 적당히 감추고, 적당히 흐리게 글을 썼지요. 실제보다 조금은 더 괜찮은 엄마, 괜찮은 아내인 척도 했습니다. 하지만 지극히 나다운 일상을 살던 어느 날 내가 쓴 글을 다시 마주했을 때, 그때 내가 느낀 공허함을 뭐라고 표현해야 할까요. 그럴듯하게 써놓았지만 속은 텅 빈 글을 마주했을 때 속이 화끈거릴 정도로 수치스러웠습니다. 짐작이 가시나요? '처음부터 다시'라는 마음을 먹었습니다. 억지스레 채워서 빈 마음으로 돌아갈 바에야, 흠 많고 부족해도 나를 드러내고 인정하는 글을 쓰자 싶었어요. 왜 글을 쓰는가를 생각하니 어렵지 않더군요. 조금 더 성숙하고, 조금 더 지혜로운 나로 살려면, 초라하더라도 일단은 지금의 나를 인정해야 했습니다. 느리더라도 진솔한 글을 써야겠다 싶었습니다.

  나조차도 외면해온 내 안의 이야기를 하나씩 들춰내기 시작했습니다. 누구에게도 털어놓지 않았던 어린 시절 움츠러들던 기억들, 나조차 고개를 젓게 만드는 우유부단함과 소심함, 어른답지 못했던 치졸한 생각들까지 모두 꺼내 놓았습니다. 토해내듯 써 내려간 고백은 때로는 희열을, 때로는 서러움을 불러오기도 했습니다. 글을 쓰다 말고 책상에 엎드려 엉엉 울기도 했으니까요. 거칠고 투박한 언어였지만, 그렇게 내 삶을 콸콸 쏟아내고 나니 출렁이던 마음도 조금씩 잔잔해지기 시작했습니다. 길 잃은 지난날의 혼란이 통째로 이해되기 시작했습니다.

  그래서 글로 만난 이들에게 덥석 마음이 기우는가 봅니다. 아무리 처음 만난 사이라도 그가 쓴 글에서 강렬한 끌림 혹은 진득한 애틋함이 느껴지기도 하더군요. 이전의 방어적인 나였다면 느낄 수 없었을 생경한 감정이었습니다. 글에서는 사람보다 삶이 먼저 보여 그런가요. 조심스러운 마음이야 여전하지만, 전과 달리 가슴 밑바닥에서부터 솟구치는 알 수 없는 용기 덕에 먼저 손을 내미는 일이 많아집니다. 이런 제가 당혹스럽기도 했어요. 이들이 피를 나눈 가족이나 십수 년 넘게 안 친구보다 더 각별할 이유는 없으니까요. 아마도 타인의 글에서 나를 보았기 때문일 겁니다. 전혀 다른 삶을 살아왔더라도 반드시 겹치고야 마는 이야기가 있는 법이니까요. 삶의 압력에 바짝 눌려 일그러진 타인의 글에서 내 모습을 보았을 때, 바로 그 자리에서 우리는 함께 울고 웃게 되거든요.

일상의 반 이상이 글 쓰는 사람들과의 만남으로 채워지고 있는 요즘이에요. 이 세계에 발을 들였으니 자연스러운 일일 겁니다. 그들에게 자주 듣는 고백이 있는데, 본래 내가 이렇게 솔직한 사람이 아니었다는 말, 누구에게도 하지 않았던 이야기를 글로 썼다는 말 같은 것들이 그것입니다. 그때마다 '그 마음 나도 알아요.' 하는 생각에 연신 고개가 끄덕여지고요. 이전에 꽁꽁 감춰둔 글에서는 감히 경험할 수 없는 귀한 감정입니다.

레프 톨스토이의 소설 《안나 카레니나》는 다음과 같은 유명한 첫 문장으로 시작됩니다. "행복한 가정은 모두 비슷하지만, 불행한 가정은 저마다의 이유로 불행하다." 이 말처럼 우리는 저마다의 이유로 글을 씁니다. 쓰기의 출발점은 나를 가로막고 선 무수한 벽을 허무는 데서부터 시작됩니다. 벽을 허물고 삶을 터 내는 용기가 좋은 글을 만듭니다.

　나를 꺼내고 너를 품어 안기를 주저하지 않는 글쓰기. 이 다정한 쓰기가 좋아 여러 사람이 함께 모여 글을 씁니다. 비록 자발적으로 삶을 나누려 모인 자리지만, 가만히 들여다보면 이 정겨운 모임 또한 은밀한 이해관계로 묶여 있는 셈이지요. 한 치의 숨김없이, 거짓없이 오롯이 나를 쓰겠노라고 다짐한 약속이 있으니까요. 이 은근한 강제성이 오히려 반갑습니다. 그 아래에서 고백하고 곁을 내주는 내 삶이, 한결 사랑스럽게 느껴집니다.

잘 익은 글, 잘 익은 삶

 사연 없는 사람이 있을까요. 그래서 어느 하나 귀하고 가치롭지 않은 삶이 없지요. 희노애락이 뒤섞인 게 삶인지라, 살다 보면 별로 기억하고 싶지 않은 사연이 만들어지기도 합니다. 그런 일들은 끈질기게도 살아남아 틈만 나면 나를 바닥으로 잡아끌기도 하지요.

 입으로 길어 올리기 힘들 만큼 무거워 듣는 이마저 버겁게 만드는 사연. 그래서 자꾸 숨어들기만 했을, 그런 화석 같은 이야기들을 가진 이들을 종종 만납니다.

그들도 한 번쯤은 얼굴빛을 바꾸고 다문 입술을 달싹이며 용기 내보지 않았을까요. 하지만 예고 없이 날아든 고백에 미처 준비되지 않은 상대는 당황했을지도 모릅니다. 어렵게 고백한 용기가 덜컥 무안해졌겠지요. 그래서 다시는 입 밖에 내지 않겠노라 가슴을 닫았을 테고, 그날부터 이야기는 화석이 되었을지도 모릅니다.

상처든 사연이든, 감추고 못 본 척할수록 덩치를 키우는 법입니다. 갈수록 가라앉는 자기 삶을 어떻게든 해결하기 위해서는 결국 다시 꺼낼 수밖에 없었을 거예요. 그래서 택하지 않았을까요. 말하는 이도, 듣는 이도 모두가 조금은 덜 놀랄 수 있는 '쓰기'라는 방법을. 언제나 말보다 글이 훨씬 더 신중할 수 있다는 걸 우리는 잘 알고 있으니까요.

용기 내 쓴 글인데, 어떤 글은 덥석 손을 포개고 등을 쓸어주고 싶은 글이 있는가 하면, 반대로 덩달아 진이 빠지고 몸이 떨리는 글도 있습니다. 아직 채 마르지 않은 분노가 고스란히 전해지는 것 같달까요. 무엇이 이런 차이를 만드는지 생각해봅니다.

기꺼이 읽히는 글에는 담담함이 있었습니다. 여자로서 쉽지 않았던 삶을 산 오프라 윈프리의 사연, 학교 폭력으로 소중한 아들을 잃었지만 가해자들을 용서하고 나아가 학교에 장학재단까지 세운 한 아버지의 사연에서 그런 담담함을 봤어요. 나라면 엄두도 내지 못했을 무거운 사연이 눈물 하나 없이 차분하고 초연하게 흘러나오더군요. 읽는 이로서는 간혹 숨이 차고 가슴이 철렁할지라도, 끝까지 놓치고 싶지 않았습니다. 얼마나 많은 날을 적시고, 많은 밤을 구부려 썼을지 행간마다 보이는 것 같았어요. 서슬이 퍼렇던 날카로운 기억들, 그 뾰족한 모서리에 쉼 없이 정을 치며 끝을 둥글렸을 겁니다. 어떤 말투로, 어떤 속도로 풀어내야 내 문장이 부드럽게 스며들 수 있을까 고르고 또 고른 숨결들이 아마도 오랜 날을 쌓아왔겠지요. 시간을 들여 마침내 자기 힘으로 정리된 이야기들이니, 그 글은 기꺼이 읽히지 않을 수 없을 겁니다. 담담한 글이란, 깊은 고독 속에서 서서히 빚어지는 것 같습니다.

도망치고 싶은 글에서는 여유가 느껴지지 않습니다.

그런 글을 읽으면 어쩐지 불안하고 불편해져요. 숙성되지 않아 펄떡거리는 아픔을 그대로 써서 그렇습니다. 급하고 거칠지요. 글자 하나하나가 성이 난 듯 읽히고, 거칠게 몰아쉬는 숨소리가 행간마다 들리는 듯한 착각이 든달까요. 저자를 찔렀던 고통이 똑같이 전해집니다. 책장을 덮고 나면 그 견딤의 세월에 박수를 보내고 싶은 것이 아니라, 분노로 몸이 떨린다고 하면 이해가 쉬울까요. 공감되는 아픔이지만, 이게 너무 아픈 거죠. 극심한 피로감에 그만 도망치고만 싶어집니다.

지혜가 많은 사람은 아니지만 마흔에 시작한 쓰기, 그걸 통해 뒤늦게 깨달은 것들을 하나하나 일상에 녹여내려 애를 씁니다. 나름대로 진솔하게 사는 중이라지만, 과연 이런 의도가 내 일상에 닿아 있는 이들의 마음에도 고스란히 전해질까 염려스러워요. 매일 밤 고요히 오늘을 되짚으며 쌓인 글들을 살핍니다. 설익은 감정에 휘둘려 거칠게 토해내진 않았는지, 좁은 시야에 갇혀 성급히 밝음과 어둠의 경계를 긋지는 않았는지, 천천히 들여다봅니다.

날이 선 마음을 눕히고, 타는 분노를 꺼뜨려 뭉근한 불씨로 만드는 글쓰기. 그것은 나를 해결하는 숙성의 과정이자 동시에 꽤 이타적인 행위라는 생각이 듭니다. 독자를 향한 글이니 무책임한 화풀이를 할 수는 없으니까요.

기꺼이 읽히는 글을 쓰고 싶습니다. 긴 시간 잘 익혀 담담하게 쓰고 싶어요. 그러려면 잘 익은 하루하루가 우선이겠네요.

종이 한 장에서 자라는 하루

가로 21cm, 세로 29.7cm. A4 한 장의 크기입니다.

이 작은 공간에서 나는 매일 부지런을 떨어요. 그 안에 까딱하면 놓칠 하루하루를 꼭 붙들어 모아둡니다.

글을 쓴 이후부터는 하루 중 어떤 순간도 허투루 만나고 싶지 않습니다. 따라잡기조차 숨 가쁜 하루. 생각 없이 흘려보내기만 했던 사소한 것들이 지금은 저마다의 특별한 제목을 달고 마음을 두드리거든요. 있는지도 몰랐던 길가의 돌부리라든지, 바쁘다는 핑계로 미뤄두기만 했던 아이의 말, 또는 별로 기억하고 싶지 않던 과거 어느 날의 나 같은 것들이 불시에 찾아와 말을 거는 것인데요. 모래알처럼 미끄러져 내리기만 하던 무색한 날들에서 그게 얼마나 귀하고 고마운 노크인지 모릅니다.

소리의 희미한 기척이 느껴지기 시작할 때, 이 네모난 노트북 창을 열고 가만히 귀를 세워요. 그러면 특별한 형태도 없이 주위를 맴돌던 희미한 소리가 어느 순간 선명한 파동을 그리며 힘차게 마음을 두드리기 시작하는데요, 바로 그때부터가 분주해지는 시간입니다. 그것들이 내게 걸어오는 말들을 부지런히 듣고 받아 적느라 가슴이 뛰어요. 세상은 해석하기 나름이라죠. 글을 쓰면서, 일상의 솜털까지 의미 있게 읽어내려 애쓰는 그 시간이 나를 키우고 삶을 키운다는 것을 알아버렸습니다. 까치발을 해도 어림없던 세상이 보이기 시작하고, 콧바람에도 일렁이던 유약한 마음이 단단해지는 걸 선명히 느껴요.

할 말이 넘치면 대개 글은 잘 써지겠지요. 글은 그런

사람만 쓸 수 있는 거라고 생각한 적도 있었습니다. 그러니 글을 써보자고 마음먹는 일이 처음부터 쉽지는 않았어요. '감히 내가?' 싶었으니까요. 하지만 꼭 가진 말들이 많아야 좋은 글이 되는 건 아니더군요. 이름을 불러주었을 때 꽃이 되는 것처럼, 내가 의미를 부여한 것이라면 그것이 아무리 사소할지라도 모두 좋은 글감이 될 수 있다는 것을 읽고 쓰며 배웠습니다.

매 순간 마주치는 장면에서 귀를 기울이는 거예요. 의미를 찾는 것이지요. 단조롭기만 하던 일상이 어느 순간 불쑥 노크하는 걸 들을 수 있어요. 그 소리를 잘 붙들어야 합니다. 수첩이나 휴대폰에 냉큼 끄적여두는 게 보통이지만, 그렇지 못할 때는 마음이 바빠집니다. 찰나에 흩어져 버릴 영감이라 그렇지요. 이런 연습을 반복하다 보면 알게 됩니다. 내 주변이 온통 글감이고 생각할 거리라는 것을요. 그래서 글감을 떠올리려고 할 때는 먼저 묻는 것이 좋아요. 오늘 내 마음을 두드린 장면이, 소리가 무엇이었는지를.

오늘 나를 두드린 노크는 이랬습니다. 퇴근 후 저녁

준비로 정신없는 시간, 둘째 녀석이 동그라미가 몇 개 안 되는 받아쓰기 시험지를 삐죽 내밀며 말하더군요.

"공부했는데도 많이 틀렸어. 엄마는 좋겠다. 그냥 다 알아서."

아이의 심각한 표정을 가볍게 바꿔주고 싶었습니다. 아직 너는 모르는 게 더 많은 나이라고, 그러니 아주 많이 틀려도 괜찮은 거라고, 아주 많이 틀려도 되는 네가 더 좋겠다고 장난스레 말해줬어요. 그러곤 대수롭지 않게 주방일을 이어갔습니다. 녀석의 눈에는 보이지 않나 봅니다. 모르는 게 너무 많아 이리도 요란스레 세상을 배워가는 엄마가요. 밥을 먹고 주방을 정리하는 동안 머릿속에서 아이가 했던 말이 아슬아슬 떠다녔습니다. 마음을 두드린 그 한 줄이 흩어져 버릴까 봐 책상에 앉을 때까지 꼭 붙들었어요.

무엇이 마음을 두드린 걸까, 자기 전 책상 앞에 앉아서 가만히 그 소리를 되짚었어요. 무언가를 쓴다는 것은 자세히 보면서 동시에 많이 보아야 하는 일인 것 같습니다. 오늘 저녁을 코앞으로 바짝 당겨 살피다가 다시 뒤로 물러나 보았습니다. 희미했던 노크가 조금씩 모습을 드러내더군요. 이젠 다 알아야만 하는 어른에 대해, 백 점짜리 시험지보다 훨씬 더 가치 있는 아이의 시험지에 대해 할 말이 생긴 것 같습니다. 그건 분명 조금 전까지의 나에게는 없던 새로운 말들이었습니다,

언젠가 아이가 또 그런 말을 건네온다면 그때는 주저 말고 다정히 말해줘야겠어요. 부모로서 해줄 수 있는 조금 더 어른스러운 말들이 내 안에 생긴 것만 같아 가슴이 찹니다. 잠깐의 귀 기울임과 쓰는 수고로 살짝 더 괜찮은 엄마가 된 것 같은 기분. 오늘, 흘리지 않고 잡아챈 찰나 덕에 아이와 나의 내일은 또 한 뼘 자랄 겁니다.

가로 21cm, 세로 29.7cm.

누구나 가질 수 있는 한 장이지만, 아무나 누릴 수 없는 한 장이 아닐까요. 쓰는 이만이 누릴 수 있는 이 작은 한 장이 우주보다 커 보이는 밤입니다.

책과 사유의 징검다리

어려운 책을 읽는 중입니다.

우연히 알게 된 책 제목에 마음이 끌려 검색해 보니 판매율과 서평이 나쁘지 않았어요. 감각적인 표지와 거기에 쓰인 두 줄의 문구까지 내 마음을 흔들었어요. 그때부터 이미 마음속에는 이 책을 소장하겠다는 결심이 섰습니다. 조급해지는 마음을 누르고 전자책 목록을 뒤졌지만 보이지 않았습니다. 당장 도서관에 갈 시간도 없고, 빨리 읽고 싶으니 못 이긴 척 구매 버튼을

눌렸던 책이었습니다.

다른 어떤 물건보다 책 택배가 가장 기다려져요. 그건 내게 다가올 새로운 세상에 대한 기대 때문이겠지요. 며칠 뒤 나는 또 어떤 언어를 갖게 될까, 절로 마음이 부풉니다. 하지만 성급한 결정이라는 것도 모르지 않았어요. 내게는 식단 조절보다 어려운 것이 책 조절입니다. 욕심에 무턱대고 사긴 하는데, 막상 읽지 않는 책들이 수두룩하거든요. 그래서 읽고 또 읽어도 좋을 만큼, 충분히 소장가치가 있다고 여겨지는 책만 구입하려고 노력해요. 그런데도 덥석 마음이 기우는 책을 발견했을 때 절로 이는 묘한 쾌감은 도저히 뿌리칠 수가 없습니다. 이 책 역시 그런 짜릿함에 의한 충동구매였음을 부인할 수가 없어요.

신중하지 못했던 당연한 결과일까요. 그렇게 흥분하며 기다린 책이 생각보다 즐겁게 읽히지 않아 난감합니다. 안을 열어보니 속뜻을 알 수 없는 꼭지들이 수두룩했어요. 몇 줄 되지도 않는 책 속의 글 밥들이 어찌나 콧대가 높은지 도통 속을 보여주지 않습니다. 뒤집고, 꼬고, 몇 다리를 건너 생각해봐도 근처에도 못 가겠으니 답답할 노릇이었죠. 아무 맥락도 없어 보이는 단어들이 암호처럼 뒤섞인 시가 태반이었습니다. 덮어놓고 나를 탓했어요. 내가 부족해 그렇다고, 이 책의 세상에 닿으려면 한참이나 멀었으니, 더 부지런히 공부해야 한다고 자책했습니다. 작가와 나의 세계는 도대체 얼마나 크게 벌어져 있는 건지 막막했어요.

글은 언제나 내가 사는 세계만큼 읽히는 법이라고 했어요. 쓰는 처지에서도 다르지 않을 겁니다. 아무리 숨기려 해도 그가 선택한 단어, 풀어낸 문체 속에 자기 삶의 모든 것을 뱉어낼 수밖에 없을 거예요. 시인은 어떤 삶을 살아온 걸까요. 무슨 말이 하고 싶었던 걸까요. 한 뼘 더 넓어질 수 있다는 기대에 얼마나 가슴을 누르며 기다렸는데. 간신히 읽어내기도 어려울 지경의 암호 같은 글이라니, 쾌감은커녕 참 속이 상했습니다.

마흔에 와서야 읽고 쓰기를 시작했습니다. 그러니까 하루도 빠짐없이 책을 읽기 시작한 게 4년도 채 되지 않은 셈이네요. 작가라고 불리기엔 부끄러운 경력이지요. 이제 막 더듬더듬 배우는 중인 내가 줄이고 비유하는 데 능숙한 시인의 삶을 소화하려니, 이런 부대낌이 어쩌면 지극히 당연한 건지도 모릅니다. 그러니 아직 내 수준이 부족하다며 미뤄두어도 될 책이지요. 그런데 무슨 자존심인지 쉽게 덮어지지 않습니다. 주제넘은 욕심일까요? 고작 바늘귀만 한 좁은 시야로 대지와 바다를 한눈에 보려는 과욕 말이에요.

열 번, 스무 번을 읽어도 넘겨짚기조차 어려운 시 앞에서 생각했습니다. 글쓰기는 냇물에 징검돌을 놓는 것과 같다는 말을 들은 적이 있어요. 너무 촘촘히 놓이면 건너는 재미가 없고, 너무 멀게 놓이면 건널 수가 없는 그 징검다리요. 작가는 그 돌 하나하나를 어떻게 놓을지 신중히 생각해야 하는 게 아닐까 싶습니다. 그러니까 글쓰기란, 내 언어로 징검돌을 하나씩 놓아가며, 독자가 그 길을 건너오기를 기다리는 일이지요. 독자가 그 돌 위를 건너며 내가 경험한 세계, 내가 느낀 감정을 함께 느끼고 보게 되는 순간, 비로소 나의 글이 온전히 완성되는 게 아닐까요. 책을 통해 저자와 독자는 서로 다른 세계를 연결하고, 각자의 언어와 시선으로 풍경을 공유합니다. 그 과정에서 작가의 언어도 한 뼘 더 자라며, 독자의 언어 역시 새롭게 넓어지겠지요.

  내 글도 그런 다리가 되길 바랍니다. 내 언어를 통해 독자가 새로운 자신을 발견했으면 해요. 그러기 위해서는 나 역시 쉬지 않고 새로워져야겠지요. 그래서 오늘도 나는 한 걸음씩 글의 다리를 놓아갑니다.

글 빚

'나라면 그러지 않았을 텐데.'
'내가 사람 보는 눈이 좀 있거든.'

　글로 생각을 꺼내 놓기 시작하면서 생각보다 내가 가볍고 박정한 사람이라는 것을 깨달았습니다. 세상을 임의대로 넘겨짚는 일이 의외로 많았으며 그걸 부끄러운 줄도 모르고 확신하고 다녔더군요. 멋대로 짐작하고 내뱉은 말의 꽁무니에는 늘 텅텅거리는 허탈함이 따라붙었어요. 그것은 코끼리라는 세상에서 발꿈치만 보고 판단한 경솔함과 그로 인해 깡통처럼 구겨져 버린 나의 서사에 대한 부끄러움 때문이었습니다. 살아보지 않은 삶을 재단하려 들었던 오만함이었습니다.

이제라도 글을 쓰게 되었다는 것이 얼마나 다행인지요. 생각하고 쓰는 일상이 익숙해지면서 수시로 나를 채비하게 되니 말입니다. 가벼운 생각과 풀리는 입을 늘 경계하게 됩니다.

하지만 추가하는 것보다 지워내기가 어려운 게 '습관'이라고, 지금도 여전히 불쑥불쑥 멋대로 넘겨짚고 호미로 할퀴어대는 나를 발견하는 일이 많아요. 그런 면에서 글쓰기는 내게 있어 고해성사의 하나이기도 합니다. 그럴듯한 단어와 문장으로 꾸며놓지만, 사실은 "앞으로 다시는 그러지 않겠습니다."라고 썼던 어릴 적 반성문과 크게 다르지 않아요. 글쓰기 앞에서 나는 늘 커다란 치과 의사 앞에 누운 작은 환자처럼 두 손을 가지런히 모으게 됩니다. 삶 곳곳에 찌들어 있는 구습을 닦아내고자, 그 지루한 타성을 깨고자 부단히 쓰고 또 쓰게 됩니다.

그렇게 따지니 나는 글에 진 빚이 참 많습니다. 내 글은 실제 내 삶을 그대로 옮겨 왔다기보다는 이미 살아낸 하루를 되짚고, 그걸 토대로 살고 싶은 내일의 모습을 다짐하는 것들이 더 숱하니까요. 그렇다 보니 누군가에게는 썩 영양가 없게 읽힐 수도 있겠네요. 자고로 글이 삶을 좇아야지, 삶이 글을 좇아서는 믿음직스럽지 못하니까요.

삶이 먼저고 글이 나중이면 가장 이상적이겠지만, 내 일상은 여전히도 철이 없습니다. 살아보니 이렇더라며 글로 전해줄 수 있는 좋은 비법도 연륜도 썩 많지 않지요. 그래서 하루하루를 갚는 마음으로 삽니다. 이렇게 살겠노라 글로 써 내려간 빚을 잊지 않고 스스로를 단속하고 채찍질하며 살아요. 글보다 한발 뒤처진 삶이지만, 내키는 대로 흥청망청 사는 삶보다야 꽤 대견하지 싶습니다.

내 안에서 일어나는 순간순간의 치열한 싸움은 나만이 알겠죠. 쉼 없이 올라오는 이기심과 분노를 걷어내고, 그 자리에 나눔과 이해를 옮겨 심고 싶습니다. 내가 나를 이기는 마음을 누군가 알아주는 게 무슨 의미일까요. 언젠간 글대로 살아내고 있는 나를 내가 확인하면 그뿐인데요. 그때의 내 글은 누구에게든 쉬이 읽히게 될 거라 믿습니다.

오늘도 나는 글에 빚을 졌습니다. 빚을 갚아야 하는 사람도, 갚을 책임이 있는 사람도 나 자신이니, 이보다 더 무거운 책임이 어디 있을까요? 가볍지 않게, 마음과 입을 단속하며 하루하루를 채워가겠습니다.

2장
———
글 안의 일상

꽃을 바로 보다

 도도하리만큼 화려한 꽃다발. 그것과 나는 대등하지 못했습니다. 꽤 오랜 시간 동안 꽃을 훔쳐보아 왔다는 사실을, 고작 저 한 줌 풀 묶음 따위에 잔뜩 주눅 들어 살았다는 사실을 깨달은 게 불과 얼마 전, 마흔 무렵부터였으니까요.

 수시로 꽃을 사는 지인을 보았어요. 종종 그렇게 자신을 위해 꽃을 산다는 말을 들었던 순간 나도 모르게 부럽다는 생각이 들었습니다. 꽃에 관한 심각한 병증이 있는 것도 아니었고, 지금 내가 그 몇 포기를 사다 집에서 누리지 못할 만큼 빠듯한 형편도 아니었죠. 그런데도 나는 감히 꽃을 엄두 내지 못했습니다. 어째서였을까요.

꽃에 대한 기억을 가만히 되짚었습니다. 인식하지 못했지만 나에게 있어 꽃은 지천으로 깔려 있어도 잡을 수 없는 별처럼, 또는 순박한 아가씨 목에 걸린 이질적인 진주 목걸이처럼 숭고하면서도 곁에 두기엔 묘하게 어색한 그런 것이었습니다. 무의식중에 그것은 나와는 다른 세상의 사람들이 누리는 것, 그러니까 꽃을 바라보고 아름다움을 음미할 수 있는 '굉장한 여유'를 가진 자들이 누릴 수 있는, 그들만의 어떤 고급스러운 취향 같은 것이라고 여겨왔던 것 같아요.

더듬어 생각하니 어디 꽃뿐이었을까 싶습니다. 어린 시절부터 내 몫의 벌이를 하는 성인이 되기 전까지 빠듯한 형편에서 자랐어요. 그래서였을까요. 한여름 초록의 싱그러움, 그 사이로 잘게 부서지는 햇살, 그와 꼭 닮은 나의 청춘까지, 나는 그 어느 것 하나 똑바로 바라보지 못했더군요. 손톱 한번 요란히 칠해본 적 없었고, 그때 아니면 못 해볼 철없는 연애도, 흥청망청 음주가무도 나에겐 모두 '해당 없음'이었으니까요. 그 모든 것들을 당시 내 현실과 뚝 떨어진 배부른 것들이라 생각했고 그래서 철저히 금욕하고자 했지만, 그렇다고 강단 있게 고개 돌리지도 못했습니다. 구질한 미련이 남아 늘 훔쳐보듯 했고, 마음껏 보지 못해 아쉬우면서도 필시 또 그래야만 하는 것이라 몰아붙일 뿐이었죠. 온갖 것에 너그러이 열려 있는 것이 젊음일진데, 고작 그만한 욕심 좀 브리면 어때서 말이에요.

스무 살, 대학을 포기하고 공무원 입시학원을 다녔습니다. 젊음이 멈츠어선 곳, 노량진. 햇살이 요란히도 쏟아붓던 정오 즈음의 어느 날, 터벅터벅 노량진 학원가를 걸었습니다. 열심히 공부하던 학생 때는 한번도 생각해 본 적 없던 오늘이었고, 그래서 불안하기만 한 하루하루였습니다. 한창 인기리에 방송 중이었던 티브이 드라마가 길거리 브라운관에 비치더군요. 절절한 주제곡을 등에 업은 남녀 주인공이 서로를 그리워하는 장면이었는데, 공감이 가기는커녕, 가슴 한 귀퉁이에서 서릿발 같은 한숨이 절로 새어 나왔어요. 당장 발 앞의 삶이 불안한 이에게 사랑 따위가 얼마나 사치스럽게 보였던지요.

'제까짓 게 고통스러워 봤자 사랑 타령일 뿐이지. 그게 삶의 유일한 고통이라면 그 아픈 사랑 나는 백번이라도 하겠다.'

지금 와 생각하면 그때 나는 절망도 우걱우걱 씹어 희망으로 소화할 나이였어요. 대체 무엇이 그토록 진지했고 무엇이 그토록 절망적이었을까요. 부유하진 않았지만, 그렇다고 젊은 시절의 작은 욕구까지 꾹꾹 눌러야 할 만치 우울할 필요는 없었습니다. 얼마든 그 안에서 의미를 찾을 수 있었을 거예요. 나는 나를 옥죄고 있었던 게 아닐까요. 꽃 같던 젊음을, 다시 오지 않을 인생의 봄을 마음 놓고 즐겨서는 안 된다는 강박. 그래서는 안 된다는 이유 없는 죄책감이 내 젊음의 반 이상을 차지하고 있었는지도 모르겠습니다.

같은 맥락이었던 걸까요. 찰나의 즐거움을 위해 곧

있으면 부서져 버릴 값비싼 꽃다발을 손에 든 모습은 당시 내게 있어 최고의 사치였나 봅니다. 그 불필요한 아름다움은 내가 취해서는 안 될 것이었죠. 어엿한 사회인이 되고, 결혼해서 안정을 찾고 나서도 부러 사서 누리지 않던 것이 꽃이었어요. 예쁜 옷도 사 입고 맛있는 음식은 사 먹어도 어쩐 일인지 나를 위한 꽃에 돈을 쓰는 일은 없었습니다. 아니 의식하지도 못한 채 그랬습니다. 발목이 묶여 자란 코끼리처럼 그건 내 세계가 아니라 여기며 살아왔으니까요. 그때까지도 내 세상은 꽃에 미치지 못했습니다.

부럽다는 생각이 든 순간, 어떤 해방감 같은 것이 느껴진 게 사실이었습니다. 내 발목은 풀린 지 오래였다는 것을, 당장에 한 아름의 꽃을 안고야 말겠다는 욕구가 치밀었어요. 그 길로 동네 꽃집을 찾았습니다. 계절은 기다렸다는 듯, 마침 봄이었습니다.

한참을 헤맸어요. 십 년을 산 동네에서 꽃집이 어디쯤 붙어 있는지도 모를 만큼 이 정도로 꽃과 내외하고 살았다는 걸 실감했습니다. 겨우 찾은 꽃집에 들어서는데 시선이 다시 길을 잃었습니다. 나를 위한 꽃이라, 무엇을 골라야 할지도 몰라 막막했죠. 그런 내가 짠하기까지 했습니다. 봄처럼 노랗게 오글오글 모여 있는 프리지어가 눈에 들어왔어요. 주인에게 그걸 달라고 주문하고는 혼잣말처럼 중얼거렸습니다.

"제가 보려고 사는 건 처음이에요."

온전히 나를 위한 꽃, 내 눈에 들기 위한, 내 일상을 채우기 위한 꽃이었습니다.

"뭐 하러 기다려요. 치사하잖아요, 까짓거 그냥 내가 사 버리자고요."

장삿속일 뿐인 주인의 말이었지만, 와락 눈가가 달아올라 괜히 문 쪽으로 시선을 돌렸습니다. 주길 기다린 적은 없었지만, 받으면 좋았습니다. 종종 손에 꽃을 들고 오던 남편도 고마웠고요. 이게 뭐라고, 마흔이 되도록 한번을 스스로 손에 쥐지 않았던 걸까요. 길 잃은 시선을 애먼 손으로 옮겼습니다. 우아한 꽃과 어울리지 않는 투박하고 거친 손이 보였어요. 참 야박하게도 살았다는 생각이 밀려들었습니다.

내친김에 꽃집에 있는 화병 하나까지 들고 왔어요. 생전 처음 사는 '내 꽃'을 빈 페트병에 꽂고 싶지는 않았거든요. 예쁜 병에 담긴 그림 같은 프리지어를 안고 집으로 돌아오는 길, 내 시선에서 높지도 낮지도 않은 곳에 설렘이 노랗게 살랑거렸습니다. 저만치 떨어진 누군가의 아름다운 배경이 아니라 여기 내 앞에 오롯한 주인공으로 나만을 위해 피어 있었어요.

마흔셋, 요즘 나는 마음껏 꽃을 누립니다. 작정하고 사는 날도 있지만, 생각 없이 걷다가 즉흥적으로 꽃을 데려오는 날도 많아졌어요. 마치 마트에서 두부나 호박을 사는 일처럼 꽃을 사는 일이 이제는 꽤 편안한 일상이 되어가고 있습니다. 정성을 쏟아 길러도 채 일주일도 못 가 시들어 버리는 참을성 없고 연약한 꽃들. 가성비라고는 형편없으면서도 여전히도 도도하게 아름다운 꽃이지만 이제 나는 그것이 대수롭지 않습니다. 이젠 나도 꽃을 바로 볼 수 있거든요.

무지개 사탕

 어버이가 되어 맞는 어버이날. 기분이 참 오묘합니다.

 부모가 되기 전에는 몰랐어요. 어린이에게 어린이날이 즐거운 날이듯, 부모에게 어버이날도 적당히 좋은 날일 줄 알았습니다. 어느새 훌쩍 큰 자식들이 기특하고, 이 예쁜 아이들을 키운 나 자신이 대견해서, 나름 뿌듯한 마음이 드는 날일 줄로만 알았습니다.

 실제 부족한 부모인 건지, 아니면 보통의 부모 마음

이 그런 건지, 아이가 자랄수록 어쩐지 부모로서의 내 키는 거꾸로 줄어드는 것만 같습니다. 고사리 같은 손으로 내민 작은 카네이션과 편지가 기쁘기도 하지만 동시에 미안한 마음이 든달까요. 연년생에 가까운 두 아들이었지만 그래도 여느 사내 녀석들보다는 순하게 자라준 아이들이었어요. 한창 예쁜 짓을 시작하는 그 꼬물대던 시간의 귀함을 그때는 몰랐습니다. 대체 언제 크냐며 툭하면 한숨을 쉬고는 했으니까요.

근래에는 더 놓치는 게 많아져요. 툭하면 학원 스케줄을 잊어버리고, 아이들 입을 옷 하나도 제대로 못 챙기고 헐레벌떡 출근하는 일이 늘어갑니다. 다 컸는데, 이제 그 정도는 스스로 할 나이라고 적당히 넘어갈 수도 있어요. 하지만 아이가 곤란함을 겪기라도 한 날에는 덮어놓고 내 탓이라는 마음이 가장 먼저 들었어요.

감정의 옳고 그름을 떠나서, 이건 그냥 엄마들이 가지는 어떤 고질병인가 싶기도 했습니다. 구실 좋은 나이 핑계, 바쁜 일상 핑계를 대고 싶지만, 사실 아이에게 집중하지 못하는 내가 가장 큰 문제라는 걸 압니다. 일에 쫓기고, 일상에 쫓기는 것도 모자라, 마흔 넘어 다 늦은 꿈까지 보태 넣어 정신없이 살고 있으니까요. 선생님으로서, 엄마로서, 작가로서 다 잘하고 싶어 나름으로는 애를 쓰지만, 완벽이 가능한가요. 틀림없이 어딘가는 구멍이 나더군요. 그 구멍을 아이들이 감당해야 하는 것만 같아 늘 미안했어요. 엄마는 이렇게 갈수록 건성이 되어가는데, 밸도 없는 이 녀석들은 그 먼 데서 엄마의 숨소리 하나까지 기억했다가 되새김질한다는 걸 알았습니다. 바로 오늘, 어버이날에요.

저녁 식사를 마친 뒤, 둘째 아이가 가방에서 무언가를 꺼내 놓더군요. 반으로 접은 손바닥만 한 종이 한 장이었습니다. 집안일을 하는 중에도 오늘 밤에 마쳐야 할 일들을 생각하느라 바쁜 나였기에, 오늘이 어버이날이고, 식탁 위에 올려진 저것이 어버이날 카드일 거라고는 짐작하지 못했습니다. 엄마의 사인이 필요한 받아쓰기 시험지 혹은 수학 활동지 같은, 내가 처리해야 할 일거리 중의 하나인 줄로만 알았어요. 좀 이따가 볼 테니 거기 두라고 건성으로 대답하고는 하던 설거지를 이어 했습니다. 잠시 뒤 별생각 없이 펼쳐 본 종이 속 글귀에 흠칫 놀랄 수밖에 없었습니다. 맙소사. 그건 처리할 일거리가 아니라, 나에게 쓴 아이의 편지, 어버이날 카드더군요.

키워주셔서 감사하다든지, 고맙다든지, 오래 사시라든지. 선생님이 친절하게 알려준 문장들이 마지못해 적혀 있을 것으로 예상했어요. 하지만 거기엔 의외의 글이 적혀 있었습니다. 다소 엉뚱한 내용에 어리둥절해진 나는 아이에게 부연 설명을 요청했는데요. 돌아온 아이의 대답에 그만 퍽 하고 가슴을 맞은 것 같았습니다. 별안간 와락 눈물이 쏟아져 나도 모르게 고개를 돌렸습니다.

어버이날 엄마 아빠에게 주고 싶은 선물은 무지개 사탕.
이 사탕을 먹으면 죽은 할머니의 목소리가 들려요.

단 것에 사족을 못 쓰는 녀석이 생각한 값진 선물은 무지개 사탕이랍니다. 그걸 인심 좋게도 엄마, 아빠에게 준다네요. 게다가 이 사탕이 얼마나 어마어마하냐면 돌아가신 할머니의 목소리도 들린대요. 그 할머니는 몇 해 전 돌아가신 남편의 친할머니를 일컬었습니다.

  남편의 친할머니께서 요양원에 계실 때 아이들과 함께 뵙고 온 적이 있었어요. 죽음이 그림자처럼 바짝 다가와 있던 모습. 남아 있는 질량이라고는 단 1g도 느껴지지 않았던, 민들레 홀씨처럼 새하얘진 할머니의 모습이 잊히지 않습니다. 누워계신 할머니 곁에 잠시 머물렀다가 돌아갈 채비를 했습니다. 초조함의 기색이 역력해진 할머니는 누운 채로 남편의 손을 꼭 붙잡고 이제 갈려느냐 물으셨습니다.

"응 할머니, 이제 가야지."

  할머니의 손을 꼭 잡은 남편의 눈에서 눈물이 터졌습니다. 그 모습에 안 그래도 눈물 많은 나까지 덩달아 울었어요. 당시 다섯 살이던 둘째 아이가 느꼈나 봅니다. 엄마 아빠가 지금 사랑하는 사람을 보내는 중이라는 것을요. 아이가 그 장면을 기억하고 있었습니다. 고스란히 담았다가 4년이나 지난 어느 날 다시 꺼내 선명하게 되새김질하고 있었어요.

 아홉 살 아이가 그 오래된 일을 기억하고 끄집어내는 힘을 무어라 설명할 수 있을까요. 자식의 사랑은 부모를 넘지 못한다고들 하지만, 아닙니다. 언제나 아이의 것이 더 크고, 더 앞서요. 부모는 힘들면 아이를 밀어내기도 하지요. 속상하면 야단치고, 지치면 한숨도 쉽니다. 엄마가 아무리 변덕을 부려도 변함없이, 조건 없이 사랑을 쏟는 쪽은 늘 아이였다는 걸 오늘에야, 그것도 어버이날에 알았네요. 넘치는 엄마든, 부족한 엄마든, 아이에게는 중요하지 않은 것 같습니다. 어떤 모습의 엄마였든 상관없이 아이가 이렇게 한결같은 사랑을 담고 자라왔으니까요. 아이가 일러주는 것 같았어요. 내겐 우주같은 엄마가 이렇게 흔들려서야 되겠느냐고, 이대로도 충분히 괜찮은 엄마라고, 부모보다 더 큰 가슴으로 토닥이는 것 같았습니다.

 주고 주어도 모자란 게 엄마의 사랑입니다. 하지만 이제 자책은 하지 않으려고 합니다. '미안해'가 아니라, '고맙다'고 말해야겠어요. 엄마가 안심해도 될 만큼 스스로 잘 해줘서, 이렇게 잘 커줘서 고맙다고요. 아이의 달콤한 무지개 사탕이 염치없는 엄마의 이 아린 마음도 달게 칠해주면 좋겠습니다.

마음
수명

좌 1.5, 우 1.2.

눈이 좋은 편이었습니다. 마흔이 되도록 시력 때문에 불편한 적은 없었으니까요. 불편하지 않으면 소중함을 모르는 법이죠. 좋은 시력이 복인지도 모르고 내 눈도 좀 덜 보였으면 했던 때가 있었습니다. 사춘기 시절, 안경에 대한 단순한 호기심이 그런 엉뚱한 소원을 빌게 했습니다.

이 년 전, 오랜만에 대학로 연극을 보러 갔다가 배우

들 얼굴이 모두 뭉개져 보였던 일은 꽤나 충격적이었습니다. 어두운 곳에서 밝은 무대를 바라보니 잠시간 눈이 어려움을 겪는 중이라고 생각했지요. 하지만 미간을 찌푸리고, 아무리 동공에 힘을 줘봐도, 극이 끝날 때까지 나는 배우들의 확실한 이목구비를 알아볼 수 없었습니다. 눈앞이 침침해지는 일은 이제 일상이 되었는데, 휴대전화를 멀리 두고 들여다보는 건 물론이거니와, 안경 없이 책을 보거나 다이어리에 손글씨를 쓰는 일이 점점 어려워집니다. 불편함을 해결하려 찾아간 안경점에서는 자연스러운 일이라고 했어요. 노화가 시작될 나이이고, 평소 워낙 시력이 좋았기 때문에 그 작은 불편함도 크게 느끼는 것이라고 하더군요. 나이 듦을 실감하게 되는 가장 첫 번째 인체기관이 눈이라고 하던데 정말 맞는 말이었습니다.

  돌아보니 타고난 시력처럼 마음의 눈도 필요 이상으로 좋았던 것 같아요. 꽤 많이 어렸을 때부터 몰라도 되는 삶의 굴곡들이 보였는데, 그건 곧잘 순하고 착한 아이로 추켜 세워지게 했습니다. 조금 늦게 보아도 되는 엄마의 고단한 한숨과 작고 가냘픈 아빠의 뒷모습이 너무 일찍 보였습니다. 가정 형편에 따라 묘하게 다른 색을 띠던 초등학교 1학년 때 담임 선생님의 눈빛이, 양팔로 시장 바닥을 기며 생필품을 파시던 다리 없는 아저씨의 젖은 눈망울이 그렇게도 잘 보여 눈을 감았습니다. 다른 사람의 일인데도 그렇게 아프더군요. 못 본 척 고개를 돌렸어요. 그게 당시의 작은 나로서 할 수 있는 최선이었습니다.

하지만 잘 보이기만 했을 뿐, 크고 용기 있는 마음은 아니었던 것 같습니다. 다 큰 어른이 될 때까지도 소심하기는 마찬가지였거든요. 텔레비전 속 가슴 아픈 사연에는 채널을 돌려버렸고, 슬픈 영화는 시도도 하지 않았습니다. 차라리 안 보는 편이 나았으니까요. 미약한 내가 이 거대한 세상의 솜털 하나하나를 느낀다는 게 버거웠습니다. 할 수 있는 거라고는 고작 내 삶 하나 반듯하게 살아내고, 다른 사람 아프지 않게 조심하며 사는 것뿐이었습니다. 네, 너무 미안해서 모른 척하고 싶은 마음, 그것이었다고 변명하고 싶은지도 모르겠습니다.

 하지만 그러면 괜찮다는 말인가요. 그 옛날 무력하게 고개를 돌려버렸던 어린 날의 나와 지금의 내가 무엇이 다른 걸까요? 마흔 어른이 되어서도 외면을 선택하는 비겁함이라니, 그때로부터 나는 단 한 뼘도 자라지 않은 것 같습니다.

 개미 한 마리도 쓰임을 가지고 태어날 거예요. 고작 이것뿐인 나라도 분명 나름의 용도가 있지 않을까요? 글 쓰는 일에 한창 재미가 붙어 그런지, 모든 생각과 판단의 줄기가 그리로 모이네요. 눈이든 마음이든 좋은 시력으로 태어난 것은, 할 수 있는 최선을 다해 꼼꼼히 보기 위함인지도 모른다는 생각이 듭니다. 기왕 잘 보이는 눈, 더 많이 들춰내고 더 자세히 보며 정성으로 적는 것이, 어쩌면 내게 정해진 쓰임인지도 몰라요. 이런 시력이라면 너무 아파 묻어두기만 했던 이야기, 무자비한 현실에 자포자기해 버린 지친 이야기, 내 삶도 다시 빛날 수 있을까 망설이는 이야기들까지 잘 볼 수 있지 않을까요. 그런 이야기들에 다가가 가만히 듣고 싶습니다. 뭘 거창하게 해보겠다는 건 아니에요. 설령 두 팔을 걷어붙인다 해도 고작해야 그저 열심히 보고 듣고, 줄창 책상에 앉아 쓰는 것뿐일 테지요. 다만 숨어든 아픔을 이렇게라도 나누어 느낄 수 있다면, 우리로서는 어쩔 수 없는 일이라 여겼던 누군가의 가망 없는 아픔도 조금은, 정말 아주 조금은 가벼워질 수 있었다는 걸 확인하고 싶습니다.

 죽음의 문턱에서까지 내가 아닌 '타인'을 이야기하는 이들이 있습니다. 고ᵗ 이어령 선생님의 사랑과 포용 정신이 그렇습니다. 그 마음은 몸의 소멸과 상관없이 여전히 뚜렷하게 남아 앞으로도 오래도록 무수한 이의 삶에서 끊임없이 되살아나겠지요. 그에 반해 안으로만 파고든 마음도 있습니다. 사람과 세상을 외면한 채, 코앞의 제 삶에만 몰두하는 이기적인 마음이지요. 옹색하고 차가울 겁니다. 흐르지 않는 마음은 녹슬고 무뎌질 수밖에 없어요. 살아 있어도 산 마음이 아닙니다.

 보고 쓰는 일은, 내 마음 시력을 더 좋아지게 만들 거예요. 그만큼 아프고 힘이 들겠지요. 그렇더라도 눈 돌리지 않고 더 크게 눈 뜨려고 합니다. 몸은 닳더라도 마음만은 언제나 꼿꼿한 젊음이길 바라면서요.

거울 속 엄마

  부스스한 새벽, 화장실에서 마주한 얼굴에 생각이 많아졌습니다. 한참을 가만히 거울을 들여다봤어요.

  하루가 다르게 퀭해지는 눈 밑, 컨실러로도 가려지지 않는 깊은 굴곡이 이제는 아예 계단을 만들 지경이었습니다. 굳이 들춰가며 찾지 않아도 쉽게 보이는 흰 머리와 끈질기게 자리를 잡는 얼룩덜룩한 기미. 어젯밤 잠들기 전으로부터 고작 몇 시간 지났을 뿐인데 또 한 움큼 늙어있더군요. 그야말로 '노화'의 생생한 진행 과정을 마주하는 매일 아침입니다.

  늙어가는 얼굴이 새삼스러운 것은 아니었습니다. 그쯤이야 하루에도 여러 차례 마주치는 언짢음이니 갑작스러운 것도 없었죠. 생각이 많아진 건, 거울 속에서 보인 엄마의 모습 때문이었습니다. 콕 집어낼 수도 없는 얼굴의 어느 지점에서, 지금의 나이 든 우리 엄마가 보였습니다.

  가슴이 철렁 내려앉은 것도 아니었고, 화들짝 놀란 것도 아니었어요. 그렇게 요란스럽고 급경사진 느낌의 단어는 어울리지 않습니다. 이 기분을 뭐라고 설명해야 할까요. 기쁘고 감격스러운 감정은 분명 아니었습니다. 그렇다고 슬프고 우울한 것도 아니었어요. 아귀가 딱 들어맞는 말이 떠오르지 않습니다. 딸이 엄마를 닮는 건 당연한 일인데 이 묘한 기분은 무얼까요. 나이 든 자신의 얼굴에서 부모의 얼굴을 발견한 모든 사람의 감정이 나처럼 이러할까요?

  당신들이 할 수 없는 것까지 기어코 해내며 네 자식을 키워내신 대단한 우리 엄마 아빠. 존경과 감사의 크기를 논해 무엇할까요. 내게는 과분한 부모님입니다. 그런데도 항상 애잔한 마음이 드는 건 자식으로서 가지는 당연한 마음인지도 모르겠어요.

여자로서 엄마는 어떤 삶을 살았을까요. 엄마의 허리 아래쯤에서 엄마를 올려다보았던 그 옛날부터의 기억을 더듬었습니다. 어떤 식으로든 삶에 대한 충만함이 얼굴 가득 비친 적이 있었는지, 환하게 웃던 적이 몇 번이나 있었는지 헤아려봤어요. 시장 아주머니들이나 동네 할머니들에게는 항상 햇살처럼 웃었지만, 집에서는 어쩐지 옅은 고단함이 서렸던 우리 엄마. 하늘이 무너져도 집안일은 안사람의 일이라 여기는 꼬장꼬장한 남편과 살면서 일과 살림, 네 아이의 육아를 동시에 감당해야 했던 우리 엄마. 그런 것들이 엄마의 흐림을 만들었을까요. 어린 자식의 눈에도 버거워 보였던 그 시간을 엄마는 어떤 마음으로 버텨왔는지 모르겠습니다.

그래서였는지, 아주 어릴 때부터 엄마는 내게 늘 앞장서서 지켜주고픈 존재였습니다. 학교에서 돌아오면 숙제가 아닌 밥솥에 밥을 안치는 게 가장 우선으로 해야 할 일이었고, 그다음에는 부지런히 집안을 쓸고 닦았어요. 일에 지쳐 고단해진 엄마가 마주해야 할 집은 반드시 깨끗해야 한다고 생각했습니다. 그래야 엄마 얼굴이 조금은 더 환해질 것을 알았으니까요. 엄마 아빠가 투덕거리실 때면 앞뒤 안 가리고 무조건 엄마 편에 섰고, 엄마가 시장에 갈 때는 기를 쓰고 따라나섰습니다. 집으로 돌아오는 길 엄마가 줄줄이 들고 올 비닐봉지들에 손 하나라도 더 보태고 싶었거든요. 집에 오면 짧은 손가락 위에 생겼던 빨간 줄들이 아직도 눈에 선합니다. 얼마나 얼얼하던지 빨리 없어지라고 연신 흔들어댔어요. 다 큰 지금에 와 생각하면 엄마도 엄마였지만, 엄마만 위하는 딸들 사이에서 아빠는 또 얼마나 외로우셨을지 죄송스럽기도 하네요.

머리가 클수록, 부모로 사는 시간이 길어질수록 두 분의 삶이 측은하게 느껴집니다. 태산 같기만 하던 부모님이 이렇게 애틋할 수가 없어요. 지금 내가 그렇듯, 그때의 엄마 아빠도 모든 게 서툴고 어려웠을 텐데, 빠듯한 살림에 네 자식 키우며 눈앞이 깜깜한 순간은 얼마나 자주 찾아왔을까요.

　인생 최고의 행복한 시간을 살고 있다 자부하는 마흔셋의 어느 날 거울 속에서 엄마를 마주했습니다. 그 애틋한 엄마의 얼굴을 하고 지금 이렇게 나 혼자만 행복해도 될까요? 맛있는 걸 먹을 때나 좋은 곳에 갈 때, 내 삶이 차곡차곡 뿌듯하게 채워질 때마다 항상 부모님이 떠올랐던 건 미안해서였습니다. 지금 당장 이 행복을 뚝 떼어내 엄마 아빠께 드릴 만한 바지런도 못 떨면서 머리만, 마음만 가는 게 무슨 소용일까요. 오늘 아침 거울 속 얼굴에서 느낀 그 묘한 감정은 맞아요, 죄책감이었습니다.

　언젠간 내 자식에게도 이런 날이 올까요? 거울을 보며 나를 떠올리고, 동시에 자기의 일상을 자책하는 날이요. 아마 그렇지는 않을 것 같아요. 나는 우리 엄마만큼 좋은 엄마는 아니거든요. 그러니 아이들이 내게 그런 애달픈 마음을 갖지는 않을 겁니다. 부디 거침없이 제 앞길만 생각하고 한껏 즐기며 살았으면 좋겠습니다. 조금 전 엄마를 떠올리며 무거워지던 마음이, 내 자식 생각에 어느새 저만큼이나 밀려나 버렸네요. 부모님의 안위보다 내 자식 걱정이 앞서는 걸 보니 나도 어쩔 수 없는 어미인가 봅니다. 내리사랑이라는 말이 이토록 잔인했던가요.

"자식이 다 그렇지."

이기적인 자식은 결국 오늘도 얼버무리고 맙니다. 내가 내 자식에게 바라듯, 나의 부모님도 그저 내가 행복하게 잘 살기만을 바라실 거라고, 세상의 모든 자식은 어쩔 수 없다고, 그래, 그런 것이라고요.

거울 속 얼굴이 참 밉네요. 어제보다 늙어서가 아니라, 나 혼자만 행복한 이기적인 내가, 그게 또 당연해지는 뻔뻔함이 마음에 안 듭니다. 찬물로 박박 씻었습니다. 잔인한 자식은 또 이렇게 태연히 하루를 시작합니다. 엄마를 고스란히 담은 얼굴을 하고서요.

이름을 살다

　언제부터 어른이 되는 걸까요. 나이라는 공식적인 기준이 있지만 그게 하나 영양가 없는 기준이라는 걸 살아볼수록 알겠습니다. '나잇값을 해야 한다.'라는 말이 미덕처럼 존재하는 것을 보면 그렇지 못한 사람들이 꽤 많다는 말일 테니까요. 그런가 하면 아직 한참 떼쓰고 어리광 피워도 될 나이에 급하게도 벌써 어른이 되어 버린 아이들이 있습니다. 저라고 그리 서두르고 싶었을까요. 어른으로 살지 않고는 버틸 수 없는 세상이 그리 만들었겠지요. 모진 세상의 철부지 어른으로서 괜스레 미안해집니다.

스스로 어른이 되었다고 느끼는 지점이 언제일까 생각해봅니다. 누구에게도 의지하지 않고 내 결정, 내 의지만으로 살아갈 수 있다고 느끼는 시점이요. 아마도 자기의 이름에 대한 책임을 적극적으로 지며 살아가게 되는 때, 바로 그때부터가 아닐까요?

애초부터 내 의지와 상관없이 내 것이 된 것. 내 것이지만 진짜 내 것이 되는 일은 아주 나중의 일. 그게 바로 '이름'인 것 같습니다. 태어나면서부터 모든 것을 부모에게 의지해서 사는 것처럼, 어쩌면 나는 내 이름에도 기대어 살았던 건지도 모르겠어요.

어릴 적 몸이 아프면 늘 엄마가 나보다 먼저 그것을 알아차리고 병원에 데려갔습니다. 나 대신 내 이름을 접수하고, 나를 부르는 간호사의 목소리에도 늘 엄마가 먼저 엉덩이를 떼곤 했지요. 부모에게 의지해 사는 이름. 학교에서 호명되는 내 이름도 단지 다수 가운데 나를 구별하기 위한 어떤 기호 같은 느낌이 다였습니다. 선생님이 학생의 대소사를 의논해야 할 때 학생과 직접 상의하는 게 아니라, "엄마 모셔 와."라고 하는 이유도 같은 이유겠지요. 그야말로 꽃처럼 활짝 피었다 자부하는 마흔의 시간, 요즘 내 이름을 들을 때의 감흥 따위가 당시의 내게 있을 리 없었습니다. 그냥 날 때부터 내 것이라니까 내 것인 줄 알고 살았습니다.

'자, 지금부터 어른이야.'라는 선명한 출발점이 있는 건 아니지만, 내 이름에 대한 책임을 떠넘길 사람이 없어질 때, 즉 부모 대신 스스로 해야 할 일이 하나둘씩 늘어나면서부터 우리는 서서히 어른이 되어가는 것 같아요. 그때부터는 아픈 몸에 대한 인지와 그에 대한 대책도, 또 아파서 어그러져 버리는 일들에 대한 책임까지도 모두 나 자신이 지게 됩니다. 이정표 하나 없는 삶에서 어느 곳으로 가고 어떻게 가야 할지를 스스로 결정해야 하죠. 내 이름의 보호자이자 책임자가 내가 되는 그때가 바로 어른인 건 아닐까요?

나는 언제부터 내 이름을 살아내었던가를 떠올려봅니다. 사회에 나가 직업을 갖고, 결혼하고, 아이의 엄마가 되면서 내 이름에 붙는 역할이 저절로 늘어갔습니다. 역할이 는다는 건 그만큼의 책임도 커진다는 말이지요. 즉, 그때 난 이미 어른으로 살고 있어야 했어요. 그럼에도 나는 꽤 오랫동안 이름의 주인으로 살지는 못했던 것 같습니다. '교사 전유정'은 피하고만 싶은 버거움이었으며, '며느리 전유정'도 어떻게 해야 평범한 며느리 축에 속하는지 대충 구색만 맞추며 살았습니다. '엄마 전유정'은 당황스럽고 서툰 적이 많아 아직도 이름만 내세운 초보 같기만 해요. 이 모든 것이 있기 전에 오롯한 '전유정'도 도대체 어떻게 살아야 할지 몰라 우왕좌왕했습니다.

마흔을 갓 넘겼던 그때, 나를 찾을 수 있다기에 글을 썼어요. 불리는 대로 살던 이름, 늘 명치 끝에 께름칙하게 걸려 있던 내 이름 석 자를 어떻게든 쑥 밀어내고 내키는 대로 시원하게 살고 싶었더랍니다. 내 이름으로 사는 모든 순간이 자랑스럽고 만족스러울 수는 없겠지만, 그렇더라도 체한 듯 억지를 쓰며, 눈 가리고 아웅하는 식으로 살고 싶지는 않았거든요.

십수 년 다닌 직장을 그만둘까 고민했습니다. 내 이름에 걸쳐진 못마땅한 것들을 싹 걷어내고 조금 더 새롭고 근사한 다른 어떤 걸 채워 넣어야 불안하지 않을 것 같았거든요. 그게 진짜 나이며 진짜 삶일 것 같았어요. 하지만 착오였습니다. 옷만 바꿔입는다고 달라질 내가 아니잖아요. 여전히 나는 나인데, 역할 하나 바꾼다고 잘 살아질 리 있을까요. 살아온 시간의 바닥부터 차곡차곡 써보고 알았습니다. 문제의 답은 언제나 그 문제 안에서 찾아야 하듯, 내 삶을 해결할 방법도 이미 내 안에 있었다는 걸요. 있는 그대로의 삶을 받아들이고 그 안에서 나다움을 찾아 사는 게 진짜 내 삶이었습니다.

이 삶에도 이유가 있다는 믿음으로, 지금 내게 닥친 불안을 요령 없이 그대로 통과해보기로 했습니다. 그만두려던 직장에 복직서를 내고, 내 자리에서 내 이름, 내 역할을 잘 살아내보자 마음먹었어요. 폭풍이 불든, 가뭄이 닥치든, 어떤 재해에서도 자연은 그저 자연으로 남습니다. 제 뿌리를 지키며 묵묵히 제 이름의 몫을 다합니다. 그처럼 내 삶에 어떤 순간이 닥쳐도 단단한 내가 되겠다고 다짐했습니다. 그게 내 이름과 삶에 책임지는 어른의 모습이라는 생각이 들었어요.

흐릿한 나중을 그리는 대신 뚜렷한 지금을 사는 중입니다. 대충 휘갈겨 쓴 하루가 아니라, 한 글자씩 꾹꾹 눌러 쓴 하루로 일주일을 채우고 한 달을 만들어가고 있어요. 매 순간 나의 선택과 결정에 확신을 가지며 진짜 나의 이름으로 걷고 있습니다. 이 길의 끝에는 누구도 반론할 수 없는 나의 삶이 있을 거예요. 그래서 자신할 수 있습니다. 옳은 길로 가는 길에서 만나는 모든 나는 틀림없이 옳은 나일 거라고요. 이제야 진짜 전유정을 사는 것 같아요.

돌이 꽃을 피운다

"아니야 엄마, 저것 봐. 돌에서 꽃이 피잖아."

둘째 아이와 함께 저녁 장을 보고 집으로 걸어오는 길이었습니다. 대화의 시작이 무엇이었는지는 정확하지 않지만, 물의 중요함에 관해 말하던 중이었던 것 같아요. 생명이 있는 모든 것은 물 없이 살 수 없다고 말해주었더니 아이가 대뜸 "그럼 돌도 물이 없으면 죽겠네!"라고 하더군요. 과학적인 사실을 알려주는 것에만 집중했던 창의력 없는 엄마는 '돌은 생명이 없다.'는 무척이나 실망스러운 대답을 했습니다. 하지만 아홉 살 아이는 또 말간 얼굴로 엄마의 뒤통수를 쳤습니다. 돌이 꽃을 피운다고요.

차도 옆 길가에 제법 굵직한 돌들이 줄지어 앉아 인도와 차도를 구분해주고 있었습니다. 그 사이마다 잡초와 들꽃이 피어 있었는데, 심지어 어떤 꽃은 갈라진 돌 틈에 자리를 잡고 자라고 있더군요. 아이가 그걸 본 것이었습니다. 같은 장면을 보고 나는 꽃을 주체로, 아이는 돌을 주체로 바라본 거죠. 아이의 시선으로 보니 정말로 돌이 제 몸을 갈라내면서까지 잡초와 들꽃을 피워내고 있었어요. 견고하기 이루 말할 데 없는 잔정 하나 없어 보이는 저 돌덩이가 이렇게나 작고 말랑한 생명을 끼고 있었습니다. 아무렇지 않게 툭툭 시를 쓰는 아홉 살 꼬맹이. 나보다 이 녀석 손에 연필을 들려주는 편이 더 낫겠다는 생각을 했습니다.

아이의 말에 따르면 꽃의 대지가 된 돌은, 사람들이 부러 물을 주지 않으니 비가 오는 날을 좋아할 거라고 했습니다. 신나게 빗물을 마실 거라고요. 의미를 부여한 모든 것은 살아있는 것이 됩니다. 가까이 보면 예쁘고, 이름을 불러주면 꽃이 되는 것처럼, 돌이 아이에게로 와서 꽃이 된 모양이었습니다.

  그간 우리는 흔히 돌이 아닌 꽃에 의미를 부여해왔습니다. 돌 틈, 혹은 사막과 같은 그 어떤 모진 환경에서도 뿌리를 내리고 자신을 피워내고야 마는, 유약한 겉모습과 상반된 강인한 생명력을 대견해 했지요. 돌에게 눈을 돌리니 어쩌면 더 많은 애를 쓰는 쪽은 돌이나 사막이 아니었을까 합니다. 제 척박한 몸뚱이에서 꽃이 꺾이지 않도록 부단히도 애를 써야 했을 테니 말이에요. 처음부터 꽃을 허락한 것은 아니었을지도요. 무언가를 품는다는 것은 생각보다 많은 성가심과 인내를 가져야 하는 법이니까요. 하지만 끊임없이 날아와 부딪히는 꽃씨들을 보며 그 견고한 마음에 균열이 갔을지 모릅니다. 안쓰러운 마음에, 내게 뿌리를 내리라며 곁을 내어주기로 마음먹었을지도요. 아니 어쩌면 진작부터 보들한 생명이 그리웠던 건 아닐까요. 그러니 제 몸을 찢고서라도 곁에 있어 주길 바랐는지도 모릅니다. 의미를 주고 바라보니 돌과 꽃이 그렇게 다정해 보일 수 없었습니다.

돌덩이가 마음을 여는 일은 일상에도 종종 일어납니다. 문제행동이 심해 여러 유치원을 전전했던 아이도 자기가 믿을 만한 선생님을 만나면 달라집니다. 종종 선생님이 훈육을 하더라도 한번 마음을 주었기에 견뎌냅니다. 그 작은아이가 스스로 달라지려고 노력해요. 학대로 고통받던 폐쇄적인 애완견도 새 주인의 지속적인 관심과 보살핌에 결국은 다시 마음을 열죠. 그리고 다시 제 모든 걸 걸어 주인을 섬깁니다. 차갑기만 하던 이웃이 가볍게 건넨 인사 한 번에 활짝 웃는 것은 그만큼 기다렸다는 뜻인지도 모릅니다. 외롭고 팍팍한 일상에 따뜻하고 다정한 누군가의 체온을요. 고작 그 하나에 돌덩이 같던 마음이 만개합니다.

돌의 마음을 열려는 나의 수고보다 그것을 기꺼이 받아들이는 쪽의 애씀을 바라보면 어떨까요. 나의 노력은 고작 꽃씨의 기척만큼 작은 것이었다고, 그 작은 수고에 마음을 열어준 당신이 되레 고맙다는 마음을 가져보는 겁니다. 어쩌면 세상의 모든 돌은 처음부터 마음을 열 준비를 하고 있었는지도 모릅니다. 우리가 시도하지 않았을 뿐이죠.

 돌이 꽃을 피울 수도 있습니다.

태도의 무늬

 빨래가 끝난 옷들을 정리하다 터진 솔기를 발견했습니다. 바로 전날 친구를 만나러 입고 나갔던 치마였는데요, 자세히 보니 얇은 옷감이 사방으로 미어져 올이 다 풀려 있더군요. 꿰맨다고 해결될 정도가 아니었습니다. 일명 '머메이드 치마'. 허리에서 허벅지까지는 매끈하게 내려오다가 무릎부터 퍼지는 스타일이 인어의 다리 모양 같다고 해서 지어진 이름입니다. 이 옷을 입을 때는 상의도 적당히 달라붙는 것으로 입어야 전체적인 맵시가 나는데, 그러다 보니 입는 순간 절로 어깨와 등이 펴지고 고개가 슬쩍 들립니다. 수시로 자세를 고치게 되는 옷, 입는 것만으로도 왠지 모르게 당당해지던, 그래서 은근히 좋아했던 옷이었죠.

조심성 없게 세탁한 탓이라 생각하다가, 문득 뒷덜미가 서늘해졌어요. '설마 외출 전부터 이미 터져 있었던 건 아니겠지? 걷는 중에 터진 건 아닐까?' 하는 생각이 스쳤거든요. 집을 나서기 전 뒤태까지 점검하지 않은 건 사실이었습니다. 구멍 난 치마로 버스와 지하철, 식당과 카페를 누비고 다녔을지도 모른다고 생각하니 그렇게 아찔할 수가 없었어요. 중간중간 마주치던 행인들의 눈빛, 그 눈길의 이유가 이것 때문이었는지도 모릅니다. 조금 더 여유 있는 옷을 입고 나갔더라면 이런 난감한 일은 없었을 텐데요.

망가진 치마를 쓰레기통에 넣으며 '기분'과 '태도'라는 단어가 떠올랐습니다. 이 치마를 입던 그날의 나는 분명 더없이 당당했어요. 마흔이라는 나이가 무색하게 한껏 설레고 즐거웠지요. 마치 날 때부터 그런 사람인 것처럼 걸음걸이부터 마음가짐까지 어느 하나 구겨진 곳이 없었습니다. 아마도 내심 흐뭇했는지도 몰라요. 아이를 둘이나 낳고 키운 마흔의 몸인데, 이 치마가 아직도 무리 없이 잘 맞는다는 사실이 대견해서 그렇게 당당히 걸었는지도 모릅니다.

 그랬던 내가 순식간에 오그라든 거예요. 과장하자면 수치스럽다고도 할 수 있을 만큼이요. 나는 무엇에 그리 당당했고, 또 무엇에 이토록 움츠러드는 걸까를 생각하니 모두 이 치마 한 벌 때문인 것 같았어요. 태도에 대해 줄곧 생각해오던 게 있어요. 오랜 시간 수많은 경험을 통해 만들어지는 것이 태도이며, 그건 쉽게 변하지 않는 단단한 것이라고 믿어왔습니다. 상황에 따라 다른 태도를 보이는 건 가식적이라고 볼 수 있으니, 한 사람이 하나의 태도를 갖는 게 이상적이라고도 생각했고요. 그래서 고작 옷 한 벌에 태도를 달리하는 것 같은 내가 좀 많이 별로더군요. 좋지 않은 이 기분. 가만, 지금 나는 기분과 태도, 이 두 가지를 혼동하고 있는 게 아닐까요?

태도 : 어떤 일이나 상황 따위를 대하는 마음가짐. 또는 그 마음가짐이 드러난 자세

기분 : 대상, 환경 따위에 따라 마음에 절로 생기며 한동안 지속되는, 유쾌함이나 불쾌함 따위의 감정

청바지에 티셔츠를 입으면 왠지 이십 대처럼 푸릇하고 자유로워집니다. 생각과 행동의 제한선을 훌쩍 뒤로 밀어내 내가 내게 후해지는 기분이랄까요. 말투도, 행동도, 생각도 어딘지 모르게 살짝 풀어지고, 마치 늘 그런 사람인 것처럼 편안해지곤 하죠. 반면 격식을 차린 옷을 입은 날엔 걸음걸이마저 무게가 실려, 나이를 더한 모습으로 단정해집니다. 의도적으로 그러는 건 아니에요. 자연스레 그렇게 되더군요. 아마도 그건 옷이 내게 부여하는 분위기와 기분의 영향일 겁니다. 그리 보면 기분이 옷을 고르기도 하지만, 옷이 기분을 만들기도 하는 셈이네요.

쾌활하든 고상하든 나는 언제나 본래의 나겠지요. 그래서 무슨 옷을 입었든 간에 사람이나 삶을 대하는 내

마음가짐에는 변함이 없을 거예요. 옷차림에 따라 달라지는 행동은 그날의 기분일 뿐이지요. 터진 치마에 순간적으로 움츠러든 마음도, 잘 맞는 옷에 들뜨고 뿌듯했던 마음도 기분의 변화였을 뿐, 내 깊은 태도는 아닐 겁니다. 누구라도 비슷한 상황에서 움츠러들었을 테니까요. 그렇게 일순간의 감정이 내 단단한 태도를 쉽게 바꾸지는 못할 겁니다.

 오늘, 뜯어진 치마 한 벌에 중요한 걸 알았네요. 기분은 얼마든 달라질 수 있으며 그것이 자칫 태도에 영향을 줄 수도 있다는 걸 말이에요. 사람이기에 자연스러운 일이지요. 그렇기에 더 좋은 내가 되기 위해서는 늘 자신을 밝게 다독이는 노력이 필요할 것 같아요. 좋은 태도는 팍팍한 일상에서도 한결같이 바른 나를 지키려는 나의 오랜 마음, 거기서 비롯되는 것이니까요.

'꾸안꾸'의 욕망

 꾸민 듯, 안 꾸민 듯한 멋스러운 패션을 일컫는 '꾸안꾸'. 흔히 들어본 말입니다. 유명한 디자이너가 이걸 설명하는 영상을 본 적이 있어요. '대놓고 신경 쓴 티가 나면 지는 것'이라고 하더군요. '무심함'이 포인트라고요. 치밀하게 고르고 다듬은 옷차림이지만, 겉으로는 무신경하게 입은 듯 보여야 한다고 했습니다. 친숙한 말인데도 곱씹을수록 낯설게 느껴졌어요. 꾸민 티가 나면 왜 지는 걸까요? 누구에게 진다는 걸까요? 그간 나도 이런 마음으로 옷을 입었던 건지 생각했어요.

　단정하고 멋스럽게 보이고 싶은 마음이야 당연한 본능일 거예요. 하지만 그 안에 노력한 티를 의도적으로 숨기려 한다는 마음이 있다는 건 또 다른 의미 같았습니다. 내게 티끌만큼도 그런 마음이 없었노라 부정할 수가 없었죠. 분명 무심하게 센스 있는 느낌을 바라왔으니까요. 이리도 교묘한 내숭을 부려왔던가 싶기도 했습니다. 많은 이들이 지금 나와 같은 마음이라고 한다면, 문득 궁금해집니다. 왜 우리는 옷차림 하나에도 솔직하지 못한 걸까요? 대놓고 꾸미는 행위가 어째서 감춰야 할 일일까요? 문득 수면 아래서 열심히 발장구를 치는 고상하고 우아한 백조가 떠올랐어요. 사실 디자이너가 말했던 '꾸민 티'라는 것은 부자연스러운 꾸밈 혹은, 과한 치장을 의미했던 걸 거예요. 그러니 '꾸안꾸'라는 것은 적당히 절제하며 신경 쓴 옷차림이라는 뜻에 더 가까운 말일 겁니다. 하지만 이 멋을 추구하는 우리의 욕망이 그게 전부는 아닐 거예요. 왜냐하면 '무심한 척'이라는 바로 그 지점 때문이죠. 그 안에 무언가가 들어 있습니다. 감춰진 우리의 본능을 건드리는 무언가가요.

어쩌면 아무런 애를 쓰지 않아도 타고난 품위와 세련됨이 저절로 배어나길 바라는 마음은 아닐까요? 사소한 옷차림 따위에 신경 쓰지 않아도 자연스레 여유롭고 대범한 사람으로 보이고 싶은, 그런 은근한 갈망 말입니다. 결국엔 '있는 그대로 멋진 사람'처럼 보이고 싶은 욕망이 저 깊은 곳에 깔려 있는 것 같아요. 지나친 해석일까요? 하지만 이런 갈망이 단순히 옷 입는 문제로만 그치지 않겠다는 생각도 듭니다.

지금 우리는 작은 화면 너머로 타인의 일상을 가까이 들여다볼 수 있는 시대에 살고 있습니다. 그곳에서 엿보는 타인의 삶은 마치 한 장의 그림엽서처럼 정갈하고 아름다워요. 어쩌면 그렇게 무심한 듯 행복하고, 여유로워 보이는지요. 저 역시도 그런 예쁘고 고운 일상들을 많이 남겼어요. 그런데 한 번씩 괜한 공허함이 밀려오기도 하더군요. 우리네 일상이 매번 그림 같지만은 않다는 걸 알아서였을 겁니다. 힘들고 팍팍한 순간은 쪽 빼버린 채 보기 좋은 장면만 내 삶인 척 드러내는 게 어쩐지 부대끼고는 했어요. 그렇다고 또 버거운 순간을 부러 알리고 싶지도 않아요. 글쎄요, 들키고 싶지 않은 마음이기도 하지만 굳이 그 힘든 기운을 전달하고 싶지 않은 마음도 맞는 것 같습니다.

에너지는 전달되고 감염되지요. 갈수록 남의 어려움을 보려 하지 않는 사람도 많아집니다. 좋은 것만 보고 살아도 모자란 시간에 굳이 버겁고 처지는 기운에 물들고 싶지 않은 마음일 거예요. 하기야 매번 죽는소리 하는 사람을 가까이하고 싶은 사람은 없으니까요. 충분히 공감은 합니다.

하지만 그렇다고 해서, 삶을 마냥 미화만 하며 살 수는 없지 않을까요. 애쓰지 않아도 절로 잘 살아지는 삶은 없어요. 어느 하나 치열하지 않은 이가 없지요. 달리는 중이든, 멈춰 있는 중이든 모두가 각자의 자리에서 나름의 전쟁을 치르는 중일 거예요. 단지 그 발버둥이 우리가 바라보는 작은 화면에는 드러나지 않을 뿐이지요. 알랭 드 보통은 "사람들은 너무 열심히 애쓰는 모습이 보이는 걸 두려워한다."라고 했어요. 아마도 그 안에는 실패와 불행에 대비하려는 작은 불안감이 함께 자리 잡고 있기 때문일지도 모릅니다. 옷이든 삶이든 '꾸안꾸스럽고' 싶은 우리의 마음이 바로 이 맥락과 닿아 있는 것 같습니다.

태어나는 일 외에 우리에게 공짜로 주어진 것은 없어요. 무엇이든 노력해야 얻는 것이 이치입니다. 그러니 최선을 다해 사는 우리 모습을 숨길 필요는 없을 거예요. 조금 어색하고 과하게 보일지라도, "오늘 나는 최선을 다해 입었다."고 말할 수 있는 사람이 더 솔직하고 당당해 보이지 않을까요? 우리가 박수와 응원을 보내고 싶은 삶이란 혼신의 노력 끝에 이뤄낸 작은 성취들이지 쉽게 거저 이뤄낸 성공들은 아닐 겁니다. 실패했으면 또 어때요. 큰 노력 뒤에 오는 실패는 성공 못지않은 귀한 경험인데요.

있는 그대로의 나를 드러내야겠어요. 비어 있는 곳, 낡아가는 흔적까지도 고스란히 인정하는 내가 되고 싶습니다. 최선을 다해 그 부족한 부분을 채워나가는 나를 보여주고 싶습니다. '척'하지 않고, 대놓고 발버둥치며 살아가는 모습으로 말이죠.

관리하는
삶

　몸 여기저기가 덜커덩거리기 시작하는 마흔입니다. 이쯤 되면, 몸의 불편함을 마지못해 받아들이려는 심리가 있는 것 같습니다. 하나씩 고장 날 때도 됐다는 생각에 서글프기도 하지만 한편으로는 그럴 나이지 않냐며 퍼질러짐에 애써 안도해 보려는 마음도 있는 게 사실입니다.

　며칠 전 근육통이 심하게 왔습니다. 슬쩍 고개를 돌리거나 가만히 누워만 있는 것도 힘들어 식은땀이 줄

줄 흐르더군요. 한 지점에서 시작된 고통이 온몸으로 뻗어 나갔고, 나중엔 오한이 일 정도로 상태가 나빠졌습니다. 바로 어제까지 해왔던 보통의 일상이 얼마나 복된 것이었던지요. 몸의 움직임이 그저 의지만으로 가능했던 일이 아님을 깨달았습니다.

웬만한 병은 시간이 약이라 여기는 편인데, 오죽이나 불편했으면 내 발로 병원을 찾았습니다. 의사는 내게 일자목 증상이 있고, 특히 목뼈의 몇 번과 몇 번 사이가 유난히 좁아져 있다고 말했죠. 신경 써서 관리하지 않으면 앞으로 더 자주, 더 크게 고생할 거라는 경고까지 추가해서요.

급한 대로 병원에서 근육통 주사를 맞았습니다. 집에 돌아와서는 목 건강에 좋다는 스트레칭과 마사지를 부지런히 따라 했지요. 밥을 먹으면서도, 책을 읽으면서도, 잠자리에 들면서도 검은 사진 속 두 개의 목뼈를 떠올리며 그것들이 서로 멀어지는 올바른 자세를 만들려 온 신경을 쏟았습니다. 다행히 통증은 조금씩 가라앉았습니다. 억지로 찔러 넣은 약물의 도움도 있었겠지만, 결국 평소의 생활 습관이 가장 중요하다는 깨달음이 뒤따랐습니다.

그런데 사람 마음이란, 불편함이 조금만 줄어들어도 쉽게 나태해지곤 하지요. 처음에는 군기가 바짝 들어 곧게 펴고 살았던 일상이, 불편함이 사라질수록 슬그머니 구부러지기 시작했습니다. 나는 다시 삐딱한 자세로 휴대전화를 들었고, 거북이처럼 책상에 매달렸으며, 스트레칭과 마사지는 점점 건너뛰다 결국 아예 손을 놓아 버렸습니다.

몸이 반짝 살아나던 그 순간은 어느새 익숙한 당연함 속에 묻혀 버렸고, 그렇게 느슨해질 무렵 통증은 다시 고개를 들었습니다. 재발한 통증은 처음 느꼈을 때보다 훨씬 더 불쾌하고 견디기 어려웠습니다. 이미 겪어 본 아픔을 다시 마주한다는 건, 새로운 고통보다 몇 배는 더 큰 좌절을 안기더군요. 그렇게 나는 또다시 몸과 씨름하며, 날마다 기력을 쏟아부으며 진이 빠지는 날들을 보내야 했습니다.

몸이 보내는 신호를 무시한 대가가 이렇게 참혹하게

되돌아올 줄, 그때는 미처 알지 못했습니다. 몸과 마음은 한데 얽혀 있었고, 결국 부주의한 습관이 자신을 가장 먼저 배신했던 셈이지요.

도저히 읽고 쓸 몸 상태가 아니었지만, 누워만 있는다고 줄어들 통증도 아니었기에 이를 악물고 책상에 앉았습니다. 책을 읽다 보면 끌어당김의 법칙을 확신하게 되는 일이 많죠. 우연히 펼친 책에서 지금 내게 필요한 깨달음이 와락 안겨드는 순간이 그렇습니다. 근래 읽고 있던 손민아 작가의 책 《여행이 아니면 알 수 없는 것》의 어딘가를 펼친 순간, 시선을 붙드는 문장 하나를 마주했습니다. "완치되는 병은 없으며 우리가 할 수 있는 것은 그저 그것이 재발하지 않도록 꾸준히 관리하는 것뿐이다. 인생도 똑같다. 뭘 어떻게 한다고 완전히 달라지지 않는다. 그저 계속 관리하는 거다. 일상이 팍팍해질 때마다 떠나는 여행처럼."

조금 나아졌다고 안심할 통증이 아니었습니다. 한번 헐거워진 나사는 계속 헐거워지고, 그걸 수시로 들여다보고 조여주지 않으면 결국 다른 쪽 나사들까지 죄다 느슨해져 버리고 만다는 걸 왜 간과했을까요. 책 속의 문장처럼 툭하면 재발하는 건 녹슨 몸만이 아닙니다.

"유치원은 잘 놀아주면 최고 아닌가?"

"유치원이 뭐가 그렇게 할 게 많아?"

"누가 누굴 가르친다는 건지 모르겠네."

글을 읽고 쓰고, 단어 하나하나에 마음을 담기 시작하면서부터 내 삶에 작은 확신이 생겼습니다. 그때부터 마치 책을 정독하듯 하루하루를 꼼꼼히 살아가려 애썼지요. 그렇게 쌓여가는 시간 속에서 마침내 나는 더없이 단단해졌노라 자신했습니다. 하지만 늘 그렇듯, 잊을 만하면 불쑥 찾아오는 말들이 제 안의 잔잔한 호수를 뒤흔들었습니다. 몇 마디 날아드는 말에 어김없이 어깨가 움츠러들고, 마음이 흔들리곤 했습니다.

마치 삶이라는 병이 재발한 것만 같았습니다. 눈 깜짝할 사이, 단단함이 무너지고 작은 존재로 돌아가는 기분이랄까요. 내면의 초라함과 흔들림이 다시금 고개를 들며 저를 낯선 예전의 나로 돌아가게 만드니까요. 그런 순간이 찾아올 때면, 아무리 노력해도 깊은 곳에 자리한 약한 마음을 다스리는 일이 참 어렵다는 걸 새삼 깨닫게 됩니다.

정말 나를 힘들게 한 것은 타인의 무례가 아니었습니다. 그보다 고통스럽게 했던 건, 나 자신이었습니다. 어떤 일이 닥칠 때마다, 그 앞에서 한 치도 달라지지 않은 내 모습과 마주할 때의 그 실망감이란…. 그럴 때면 나 자신에게 기대했던 모든 게 허물어지는 듯한 기분이 듭니다. 그간 확신에 차서 내뱉었던 내 글과 말들이 한낱 허상에 불과한 게 아닌가 싶기도 하고요. 나는 정말로 무언가를 이룬 사람이 맞는지, 아니면 나조차 나를 속이며 여기까지 온 것은 아닌지. 그러다 문득 깨닫게 됩니다. 그런 회의와 의심 속에서도 끊임없이 나를 살피고, 또다시 시작해 보려는 이 마음이야말로 진정한 성장이 아닐지. 의심과 실망이 내게 다시 한번 묻습니다. '그래도 나아가겠느냐'고. 그리고 나는 그 질문에 대답하기 위해 다시 마음을 다잡습니다.

그러나 사는 게 어디 단계별로 착착 클리어되는 게임 같을 수 있겠습니까. "인생도 관리가 필요하다."는 말을 들으면, 삶이란 매끈한 날과 울퉁불퉁한 날이 수시로 뒤섞이는 게 그저 당연하다는 생각이 듭니다. 이전에 걸려 넘어진 돌부리에 또다시 발이 걸려 넘어지고, 길을 잃었던 곳에서 다시금 앞이 캄캄해지는 순간이 찾아오는 것도 이상할 게 없더군요. 사람이니까요. 때로는 무언가 앞을 가로막을 때 멈추고 살피는 게 자연스러운 법입니다. 그리고 어느 순간, "아, 지난번 그 길이구나." 하고 떠오른다면 그때부터는 조금 더 자신감이 붙겠지요. 그렇게 수시로 조이고 기름칠해야 하는 몸처럼, 삶도 그러려니 여길 때 비로소 마음이 편안해집니다. 그때쯤 되면 형편없는 말들에 맥없이 흔들리지도 않게 되겠지요.

 몸이 아플 때 약을 먹고 자세를 고치는 것처럼, 대차게 살다가도 삶이 다시 오그라들려 할 때는 더 넓게 읽고 더 깊이 눌러쓰는 수밖에 없습니다. 끊임없이 들이닥치는 무자비한 일상에 휩쓸리지 않기 위해, 내게 할 수 있는 유일한 처방은 바로 그것뿐입니다. 글을 읽고 쓰는 일은 내게 '이만하면 잘해 나가고 있어. 그리고 더 잘할 수 있어.'라는 용기를 줍니다. 그 용기가 굽은 하루를 펴고, 곧은 내일을 준비하게 합니다.

    평생을 관리하는 삶, 그것이야말로 백발이 성성한 날에도 여전히 짱짱한 나로 살겠다는 다짐입니다.

마흔의 긴 생머리

"머리 좀 잘라라."

수시로 듣는 엄마의 잔소리예요. 어깨선을 훌쩍 내려온 긴 머리를 한 둘째 딸의 모습이 엄마의 눈에 영 마뜩잖은 모양입니다. 치렁치렁한 모양이 단정하지 않아서인지, 단지 나이답지 않아서인지, 아니 어쩌면 둘 다일지도 모르겠습니다.

그런 엄마의 마음을 모르는 건 아니에요. 좋아서 유지하는 긴 머리이지만 손질이 어려운 것도 사실이고 무엇보다 어쩐지 나로서도 과한 욕심을 부린다 싶을 때가 있으니까요. 글쎄요, 나날이 생기를 잃어가는 마흔의 내게 긴 생머리가 종종 아주 애처로운 발버둥처럼 느껴질 때가 있는 게 사실입니다.

나이가 들수록 외모에 더 신경을 쓰게 됩니다. 가만 보면 한창 꾸미고 치장했을 이십 대 시절보다 더 요란을 떠는 것도 같아요. 그럴 수밖에 없는 것이 세수만 해도 반짝거리는 스무 살 청춘과 마흔이 같을 수가 없기 때문이죠. 쉽게 움직이는 체중계 한 칸, 방심하면 내려앉는 기미, 점점 늘어지는 것만 같은 볼살에 온 신경을 곤두세우며 관리합니다. 순리대로 일어나는 일을 붙잡으려는 건가 싶어 사실 허무한 마음이 들 때도 많아요. 하지만 조금이라도 느리게 저물고 싶은 여자의 욕망이 언제나 그 힘센 시간의 순리를 이겨 버립니다.

엄마의 눈에 거슬리는 긴 머리도 마찬가지입니다. 내 머리카락은 타고난 반 곱슬에 가늘고 힘없는 편입니다. 잘 가는 미용실에서도 내 머리를 두고 햇빛만 닿아도 상하는 약한 머리라고 했습니다. 그러니 남들보다 배는 신경 써서 관리할 수밖에 없겠죠. 거칠고 부스스한 머리카락을 길게 늘어뜨리고 다니느니 싹둑 잘라 단정한 모습을 유지하는 게 현명하다는 주의인데도, 어쩐지 선뜻 자를 용기는 나지 않습니다. 단정하고 깔끔해서 젊었을 때는 오히려 즐겨 하던 짧은 머리가 이제 와 망설여지는 이유가 있습니다.

사 년 전쯤, 그러니까 딱 마흔이었던 것 같네요. 당시 짧은 머리를 했던 시기가 있었고, 얼마 전 그때의 사진을 우연히 발견한 나는 깜짝 놀랐습니다. 영락없는 중년의 여성이 그 안에 있지 뭐예요. 당시에는 나름 예쁘다고 생각하며 다니던 머리였는데, 이렇게 나이가 들어 보이는 줄은 몰랐습니다. 흔한 말로 '아줌마' 느낌이 풀풀 나더군요. 눈에 띄게 줄어든 머리숱과 윤기를 잃은 머릿결이 내가 그토록 좋아하던 짧은 머리의 상큼함을 완전히 지워 버리고 있었습니다. 괜히 표정까지 우울해 보이더군요. 당시 힘든 일이 있었나 기억을 더듬기도 했습니다.

그날, 그 사진을 본 이후부터 짧은 머리를 하지 않았습니다. 생기 넘치는 단발머리의 느낌을 이제 다시는 가질 수 없다는 걸 알아버렸거든요. 그날부터 이 긴 머리가 마지막까지 결코 내어줄 수 없는 내 젊음의 마지노선처럼 느껴졌습니다.

긴 머리를 한다고 세월의 흔적을 감출 수는 없겠지요. 오히려 더 부자연스러워 보일지도 모릅니다. 무슨 애를 써도 여전히 나는 마흔이고, 누구도 나를 이삼십 대의 젊은 여성으로 보지 않는다는 것쯤은 잘 알고 있습니다. 그런데도 가끔은 내가 세월의 당연함을 억지로 밀어내려는 건 아닌가 싶어 스스로를 의식하게 될 때가 있습니다. 엄마가 말하던 바람이 곧 세상의 바람인 건 아닐까요. 세상은 마흔의 기혼 여성이 마흔답게, 엄마답게, 아내다운 모습으로 세월과 처지에 순응하며 살아가기를 요구하는지도 모릅니다.

"애 엄마 맞아?"라는 말에는 엄마다움에 대한 요지부동의 기준이 깔려 있고, "여전히 아가씨 같네."라는 말에는 유부녀다운 차림새를 은근히 기대하는 시선이

배어 있습니다. 너무 민감하게 받아들이는 걸까요? 아니면, 이 백 세 시대에 모두가 젊게 살자고 외치면서도, 정말로 젊게 살려 애쓰는 사람들에게는 묘한 경계의 눈빛을 보내는 세상의 이중적인 잣대가 새삼 아이러니한 걸까요.

내가 몇 년 전의 사진을 보며 '아줌마스러움'을 떠올린 것도 결국 같은 기준에서 나온 판단이겠지요. 나답게 살겠다, 쉴 새 없이 다짐하고 말했으면서도, 여전히 나는 세상이 정해 놓은 틀을 묵묵히 받아들이고 있었습니다. 마치 그것이 나의 기준인 양 착각하며, 그 틀 속에 나를 조용히 가두고 있었던 건 아닌가 싶습니다.

거울을 들여다봅니다. 정수리 근처 제멋대로 자란 흰머리들이 눈에 들어옵니다. 차분히 예쁘게 나면 좋으련만 억세긴 또 얼마나 억센지요. 가볍게 들추기만 해도 한자리에 대여섯 가닥은 쉽게 눈에 들어옵니다. 잘 관리된 긴 머리카락의 윗부분이 날 것의 제 모습을 보여주는 것 같아 어쩐지 허무하게 느껴집니다. 이제는 단정히 잘라볼까 싶은 생각도 들고요.

'지금이니까 할 수 있는 거지, 나중에는 하라고 해도 못 할지도 몰라.' 머리카락을 손끝으로 슥슥 넘기며 생각했습니다. 이 귀찮은 관리조차, 아직 그만한 에너지가 있기 때문에 가능한 일이겠지요. 언젠가 지치는 날이 올 겁니다. 지금 마음에 드는 이 긴 머리가 더없이 번잡스럽게 느껴지고, 그 모든 수고가 버겁게만 다가오는 날이요.

하지만 그날이 오기 전까지는, 세상이 어떻게 보든 상관없습니다. 내가 하고 싶다면 그것으로 충분하지 않을까요. 살수록 내게 욕심이 생깁니다. 이런 나도, 저런 나도 끝까지 바지런히 챙기며 살고 싶습니다. 내가 정한 '나다운 나'에는 잘 가꿔진 나 또한 포함되니까요. 머리부터 발끝까지 나를 소홀히 하지 않고, 정성 들여 나를 잘 데리고 살고 싶습니다. 공들인 나를 거울 속에서 마주하며 만족스러운 마음으로 미소 지을 수 있기를 바랍니다. 그 모든 순간이 내가 나를 사랑하는 방법이니까요.

미용실 거울 앞에서 말했습니다.

"최대한 길이는 유지해 주세요."
오늘도 욕심이 이겼습니다.

상처를
흔적으로

 십 년 살던 집을 떠나 새집으로 이사를 했어요. 이사 당일까지도 별 감흥이 없더니, 막상 새집에 들어가고부터는 마음이 급해지기 시작했습니다. 어딘지 붕 떠 있는 것만 같은 그 어색함을 하루빨리 걷어내고 싶었어요.
 새집을 꾸미는 여느 주부의 마음이 다 비슷할 거예요. 흠집 하나 없이 깨끗한 집을 나만의 취향으로 꾸미고, 또 그것을 오래도록 유지하고 싶은 마음. 나도 그랬어요. 그렇게 집을 길들이고 싶었습니다.

꼭 필요한 물건들만 사서 채우되, 시간이 걸리더라도 마음에 드는 것으로만 선택했습니다. 하다못해 행주 하나까지도 깐깐히 들였는데, 어느 곳에 시선이 닿아도 만족스러운 집을 만들고 싶어서였어요. 사소해 보이지만, 집 안 곳곳에서 느껴지는 모든 감정의 합이 내 안에 쌓인다고 믿습니다. 그것이 나의 하루를 만들어 갈 거예요. 나의 하루가 가족의 하루에 좋은 씨앗이 되어줄 겁니다.

눈길 닿는 모든 곳이 다린 듯 반듯하고 정갈하다는 것은 꽤 흐뭇한 일이지만, 의외로 퍽 고단한 일이기도 했습니다. 밥을 해 먹고, 아이들 뒤치다꺼리를 하는 부산스러운 나의 일상. 길들지 않은 이 고상하고 꼿꼿한 공간에 그 일상의 때를 묻힌다는 게 어쩐지 늘 조심스러웠어요. 애를 쓰며 마련한 새것에 흠이 날까 돌아서면 쓸고 닦았습니다. 하지만 아무리 조심한대도 아이 키우는 집이 별수 있을까요? 그것도 아들 둘의 집이요. 작은 소음도 예민한 늦은 저녁 시간, 두 아들이 거실을 운동장 삼아 뛰는 모습을 목격하고 말았습니다. 새로 산 축구화에 들뜬 녀석들이 착화감을 몸소 실험 중이었던 모양이에요. 그 무시무시한 발을 확인한 순간 들린 '끼익' 소리. 철렁 내려앉은 가슴으로 냉큼 가서 살피니 아니나 다를까 고운 바닥에 제법 깊은 흉터가 생겨 버렸습니다. 축구화의 뾰족한 발톱이 바닥을 긁은 거죠. 순간 울컥 화가 치밀었습니다.

아이들을 훈육할 때 감정이 섞이면 반드시 후회하게 되죠. 아이의 행동을 야단치는 것이 아니라 아이 자체를 겨냥하게 되기 때문이에요. 새것이 상했다는 속상함이 더 컸던 것 같아요. 마치 새로 산 휴대전화 액정에 선명하게 금이 갔을 때처럼요. 훈계에 '버럭'하는 짜증이 섞였습니다. 감정이 섞이니 아이들을 필요 이상으로 크게 나무랐고요. 당연히 그런 내 행동에 대한 후회도 곧장 따라붙었습니다.

후회는 며칠간 이어졌어요. 거실 바닥의 푹 파인 상처에 시선이 닿을 때마다 잔뜩 주눅 들었던 두 녀석의 얼굴이 떠올랐고, 연이어서 별일도 아닌 일에 화를 낸

속 좁은 나도 자꾸만 되살아났습니다. 조금 더 어른스럽게 타이르지 못한 내가 실망스러웠죠. 물질에 대한 꼴 사나운 집착이, 길들이겠다는 집에 거꾸로 안절부절못하고 있는 내 모습이 보였습니다.

거실 바닥에 선경히 남은 흔적은 그후로 내게 해방감을 주었습니다. 더는 처음과 같은 안달이 생기지 않더군요. 콧대 높던 집이 이제야 진짜 우리가 사는 집 같았어요. 소홀해지는 마음과는 다른 것이었어요. 그것은 어떤 여유였고, 안심이었고, 믿음이었습니다. 정情은 물건과도 통할 수 있죠. 하다못해 작은 열쇠고리라도 나와 함께 오래 한 것들에는 마음이 붙지 않나요. 낡고 닳아버린 그것과 나 사이에 자리한 진득한 시간의 서사, 그 추억이 깃들 때 우리는 돌멩이를 끌어안고도 울 수 있습니다.

이사 올 때 버리고 온, 큰아이가 태어나고 얼마 지나지 않아 장만했던 원목 식탁이 떠오릅니다. 한창 호기심 많은 아이는 엄마가 그렇게 아끼던 원목 식탁을 거침없이 포크로 쿡쿡 찍고 죽죽 그어댔더랬어요. 아이가 한 뼘씩 자랄 때마다, 가족이 식탁에 둘러앉을 때마다 그 흠집은 따뜻한 대화거리가 되었습니다.

"이게 무슨 자국인지 알아? 네가 두 살 때 말이야…."

흉터가 아니라 흔적이었어요. 지우고 싶지 않은 귀한 추억이었습니다. 시간이 흐르면 자연히 낡아질 집, 거기에 생긴 당연한 기억이요. 거실 바닥을 긁은 그날도 아이들은 새로운 집에 마음을 붙이는 중이었다는걸 이제야 깨닫습니다. 아이를 키우면서 이런 뉘우침은 꽤 빈번히 오는데도, 쉽게 나아지질 않네요. 나쁜 버릇을 고쳐야 하는 쪽은 아이들이 아니라 오히려 어른들이라는 것, 오늘도 이렇게 뚜렷이 가슴에 새깁니다.

당장에 죽을 것처럼 고통스러운 시간도 언젠가는 별일 아닌 흔적으로 남아요. 그렇다고 마냥 까탈스러운 엄살로만 덮어두어서도 안 되겠죠. 티끌 하나 없는 바닥에 날카롭게 새겨진 상처는 고운 얼굴에 난 손톱자국처럼 분명 사무치게 아픈 법입니다. 하지만 상처가 아닌 흔적이라고, 오늘도 이만큼 삶을 새겨넣었다고 생각하려고요. 긁히고 찍히고 더러워지는 것이 삶을 묻히는 일이라 여기면 모든 시간이 그저 정겹지 않을까요.

 영원한 새것은 없습니다. 헌 것이 된다고 해서 본질까지 흐려질 수는 없어요. 오히려 낡고 닳아질수록 진한 이야기가 남지요. 새것에 집착해 전전긍긍하는 얄팍한 우리에게 시원하게 긁어버린 새 차, 또는 세게 떨어뜨린 새 휴대전화 같은 사건은 어쩌면 필연적으로 겪어야 하는 과정인지도 모릅니다. 애초부터 욕심내지 않는 마음이라면 가장 좋겠지만, 꼭 있어야 할 물건이라면 물건에 휘둘려 주객이 전도되는 어리석음만은 경계해야 할 것 같아요. 우리를 위해 그것이 있지, 그것을 위해 우리가 있는 것은 아니니까요.

 새집으로 이사를 온 지 거의 여섯 달이 되어가는 지금, 우리 집의 상쾌는 어떻냐고요.

 아이들뿐 아니라, 온 가족이 종종 바닥에 물건을 떨어뜨리기도 하고, 설거지하는 중에는 와장창 그릇을 깨기도 합니다. 새하얀 인덕션은 맞지 않는 냄비를 서툴게 사용한 덕에 스크래치와 얼룩이 잔뜩 생겨 버렸고, 벽에 그림을 걸어보려다 흉한 구멍 자국을 여럿 만들기도 했어요. 미숙하고 단정하지 못해도 어쩔까요. 그게 내가 사는 모습인걸요. 차가웠던 새집에 이제야 사람 사는 것 같은 온기가 돕니다.

잘
될 거예요

　아이들이 축구교실에 다니고 있습니다. 들어간 지 얼마 되지 않아 첫 경기가 열렸어요. 아이는 공격수를 원했지만, 경험이 없는지라 골키퍼로 투입된다고 했습니다. 첫 경기라는 설렘이 아쉬움을 앞선 걸까요. 아이는 날아드는 공에 얼굴을 맞고, 무릎을 쓸리고, 바지가 찢어지는데도 공을 받아내는 연습을 게을리하지 않았습니다.
　하지만 경기 당일, 아쉽게도 초반부터 두 골이나 허

용해 버렸어요. 갈수록 선수들이 우리 팀의 진영에 머무는 순간이 많아졌습니다. 자연히 골대로 공이 날아드는 횟수도 잦아졌고 그 바람에 위태로운 순간을 여러 번 직면해야 했지요. 아이의 얼굴에 초조함이 깃들기 시작했어요. 어느새 경기 시작 전 보였던 기세등등함은 사라졌습니다. 시선은 자꾸만 아래를 향했고, 무안해진 손은 수시로 머리 언저리를 매만지더군요.

'땀방울을 흘리며 운동장을 누비는 친구들에게 미안한 마음이 들겠지. 저 거대한 골대를 홀로 지켜야 한다는 무게가 버겁게 느껴질 거야.'

죄책감, 수치심, 두려움이 겹겹이 쌓여 녀석의 마음을 짓누르고 있을 것 같았습니다. 이렇게까지 애써 연습해왔는데, 그 노력이 이 순간 이토록 부당하게 느껴진다면 얼마나 아플까 싶었지요. 이런 감정이 어린아이의 몫이란 사실이 참 가혹하게 느껴졌습니다.

"괜찮아! 잘하고 있어!"

축구공보다 더 크고 단단한 목소리로 녀석을 향해 외쳤습니다. 불안으로 흔들리는 아들의 눈에 반달처럼 휘어진 내 눈을 맞추고, 꼿꼿한 엄지를 힘껏 세워 보였습니다. 아홉 살. 어른에게도 쉽지 않은 순간을 혼자서 묵묵히 견디고 있는 아이가 대견해 당장이라도 달려가 품에 안고 싶은 마음이 북받쳤습니다. 내 마음이 전해진 걸까요? 아들은 이후 몇 번의 위기를 더 단단히 버텨냈습니다. 마침내 경기 종료 직전, 공격수로 투입된 아이가 운동장 위에 작은 기적을 새겼습니다. 한 골. 모든 노력이 빛을 발하는 순간이었습니다.

경기가 끝나고, 햇살 같은 표정으로 내게 달려오는 아들의 얼굴을 보았습니다. 그 눈 속엔 더 이상 불안의 흔적이 없었습니다. 마침내 피어난 자신감과 성취감의 꽃이 있었습니다. 그 모습에 엄마인 내 마음에도 작은 봄이 찾아왔습니다. 아이의 환한 웃음이 내 안에 조용히 자리 잡고, 그날의 태양처럼 따스하게 내리쬐었습니다. 아이와 함께 웃는 그 순간, 나는 알았습니다. 내게 가장 큰 골은 아들이 성장해가는 과정을 옆에서 지켜보는 이 순간들이라는 것을요.

괜찮다고, 잘하고 있다고 외쳤던 말은 빈 소리가 아

니었어요. 세 골, 아니 그 이상을 허용했어도 나는 똑같이 말했을 거예요. 끝까지 자기 자리를 지키며 구슬땀을 흘리고 있다는 것만으로도 이미 넘치게 잘하고 있는 아이였습니다. 무엇이 아이의 마음을 일으켰는지는 알 수 없어요. 하지만 분명한 것은 그때 쏟아진 말이 쓰디쓴 평가와 질책이었다면 아이는 그날 절대로 '성취'라는 감정을 경험하지 못했을 거예요. 아마도 잔뜩 주눅이 든 채, 이후로는 골키퍼라는 역할을, 아니 어쩌면 축구공 자체를 두려워하게 되었을지도 모르는 일이죠.

나는 이 흔한 위로를 오래도록 좋아하지 않았습니다. 막연한 희망을 던지기보다는, 구체적인 노력과 끈질긴 실행이 중요하다고 믿었으니까요. 이런 말은 노력하지 않는 나약한 마음의 합리화처럼 들리기도 했고, 진심 어린 관심 없이 던지는 건성의 말처럼 느껴졌습니다. 정말로 잘해왔고, 앞으로도 잘할 사람이라면 이런 위로가 필요 없을 테니까요. 나는 빈말 대신 껄끄럽더라도 솔직히 말하는 편이 낫다고 여겼습니다. 당장은 아프더라도 그것이 진짜 격려이고, 실질적으로 돕는 방법이라고 믿었습니다. 하지만 오늘, 그 생각이 얼마나 차갑고 모진 것이었는지를 깨달았습니다. 못나게도, 내 자식 일이 되고 나서야 말이지요.

아홉 살 아들이 축구 경기장에서 긴장으로 굳은 얼굴로 서 있을 때, 그 순간 나는 본능적으로 외쳤습니다. "잘했어! 잘하고 있어! 잘 될 거야!" 그 말이 닿았을까요? 불안하던 아이의 눈에 작은 빛이 스쳤고, 끝내 그는 힘겹게 주어진 순간을 견뎌냈습니다. 오늘, 나는 위로란 완벽한 답을 주는 것이 아니라, 그저 다정함 하나를 건네는 것일지도 모른다는 걸 깨달았습니다. 가시 돋친 진실보다 때로는 다정한 말 한마디가 더 큰 힘이 될 수 있다는 것을요. 앞으로는 "잘했어, 잘하고 있어, 잘 될 거야."라는 말의 무게를 더 믿어보려 합니다.

그간 내 입에서 쏟아져 나왔던 가시 같은 말들을 떠올립니다. 잘 되길 바라는 진심이라 했지만, 그 말들이 상대를 얼마나 아프게 찔렀을지 생각하면 가슴이 먹먹해집니다. 응원이라기엔 너무 날카롭고, 상대의 결점과 한계를 들추는 데 급급했던 말들. 그것은 살리는 말이 아니라, 죽이는 말이었을지 모릅니다. 벼랑 끝에 선 사람에게 필요한 건 충고와 조언이 아닙니다. 그 순간에 가장 간절한 것은 이유를 묻지 않는 손길입니다. 따뜻한 눈빛과 고생했다고 말해주는 한마디, "사는 게 참 팍팍해도, 그래도 아직 살아볼 이유는 충분하지 않겠냐."는 다정한 위로였습니다.

 손 잡아줬어야 했습니다. 하지만 나는 주제넘게 조언을 늘어놓으며, 아슬하게 버티던 누군가의 등을 밀어버린 건 아닐까 하는 생각에 아찔해집니다. 어쩌면 나의 그 차가운 말들이 이미 상처투성이인 마음에 또 하나의 깊은 흉터를 남겼을지도 모릅니다. 위로란 정답을 주는 것이 아니라, 옆에 있는 것입니다. 다정한 손길과 눈빛, 그리고 무조건적인 지지가 얼마나 큰 힘이 될 수 있는지, 나는 이제야 조금씩 깨닫습니다. 앞으로는 날카로운 말 대신, 따뜻한 손을 먼저 건네고 싶습니다. 그것이 벼랑 끝에 선 이에게 정말로 필요한 것이기 때문입니다.

 경기는 진지했고 치열했습니다. 하지만 결과는 4대 2.

종료 호루라기와 함께 아이들은 찬물을 뒤집어쓴 듯 터덜터덜 대기석으로 돌아왔습니다. 부모들은 내 아이 다른 아이 구별 없이 "잘했다, 잘했어." 따뜻하게 등을 쓸어주었어요. 팀 내 아이 중 누구도 진 경기에 대해 화를 내거나 서로를 탓하지 않았습니다. 집에서는 늘 아기 같기만 하던 아홉 살 꼬맹이들이, 언제 이렇게 훌쩍 자란 건지요. 조언하지 않아도, 꼬집지 않아도, 이날 아이들은 스스로 배웠을 거예요. 그렇게 성큼성큼 잘 자라줄 것이라 믿습니다.

3장 — 글이 준 선물

엄마 김치

살면서 부모님을 자주 미룹니다. 일상이 바쁘다는 핑계를 대며요. 나이 들수록 시간이 빨라진다지만, 부모님의 시간은 유독 더 빠르게 흘러가는 것 같습니다. 하얀 세월이 한 겹씩 더해지는 엄마 아빠의 얼굴을 볼 때마다 죄지은 사람처럼 가슴이 저릿해옵니다. 내 인생만 챙긴다고 그분들을 모른 척한 것만 같아서요. 죄책감은 자식 몫이어야 할 텐데, 늘 안절부절하며 기색을 살피는 쪽은 부모님이십니다.

"배추김치를 담갔는데 지금 딱 맛있네. 오기 힘들면 엄마가 갖다 놓을게. 맛 들었을 때 부지런히 먹어." 엄마의 전화는 늘 그렇게 시작됩니다. 며칠 전 가져온 김치도 손을 못 댔는데 또 담그셨다니요. 한참을 걸어 버스를 타고 와야 하는 딸 집까지 그 무거운 김치통을 들고 오겠다는 엄마를 생각하면 가슴이 답답해집니다. 그때의 대화가 아직도 머릿속에 남아 있습니다.

"팔 아프게 그걸 왜 담갔어요. 지난번에 준 것도 그대로인데. 그걸 어떻게 들고 오려고요." 엄마는 그저 웃으며 말했습니다. "아직 할 만해. 벌써 김치도 못 담그면 어쩌냐."

엄마의 웃음에 가슴이 뭉클해졌지만, 나는 그 감정을 덮어두고 그냥 전화를 끊었습니다.

냉장고 안은 김치통으로 가득 차 있습니다. 내가 먹는 속도가 엄마가 만드는 속도를 따라갈 수 없으니 당연하지요. 식탁에서도 김치는 늘 뒷전입니다. 남편은 주로 밖에서 끼니를 해결하고, 아이들은 김치를 좋아하지 않습니다. 그래서 냉장고 속 김치는 좀처럼 줄어들지 않습니다. 먹어야지, 먹어야지 벼르기만 하다가 어느새 또 잊어버립니다.

엄마는 늘 걱정이십니다. 혼자 허술하게 사는 둘째 딸이 밥은 잘 챙겨 먹고 다니는지. 사실 엄마도 아셨겠지요. 내가 못 먹는 게 아니라 해 먹지 않는다는 걸요. 그런데도 엄마는 김치를 담급니다. 엄마는 자식을 향한 마음의 빚이 줄지 않는다고 느끼시는 걸지도 모르겠습니다.

"먹고 사느라 바빠서 너희는 혼자 알아서 컸다. 부족하게 키워서 늘 마음에 남는다." 엄마는 늘 그렇게 말씀하셨습니다. 하지만 그건 엄마만의 생각이었습니다. 넘치진 않았지만 부족하지도 않았으니까요. 우리도 자식을 향한 엄마 아빠의 고단한 하루하루를 지켜보며 자랐습니다. 부족했던 건 우리가 아니라, 자기에게만 유독 인색했던 엄마 자신이었습니다.

엄마는 종종 말씀하셨습니다. "네가 너무 일찍 철이 들어 속상하다." 어른이 돼 버린 딸을 보며 그마저도 당신 탓이라 여기셨습니다. 이제 내가 엄마가 되어 보니 비로소 알겠습니다. 자식 사랑이라는 게 이만하면 됐다며 만족할 수 있는 마음이 아니라는 걸요. 엄마는 그 채워지지 않는 마음을 김치통 깊이 눌러 담으셨던 걸 겁니다.

일요일 아침, 남편이 냉장고를 열어 맨 아래 박힌 김치통을 꺼내며 말했습니다.

"안 먹는 건 좀 버리자."

순간 냉장고 앞으로 뛰어가 문을 닫으며 쏘아붙였습니다.

"그냥 둬. 다 먹을 거야."

기억,
마음이 남기는
이야기

 기억은 어떻게 살아남을까요. 살아온 장면 중 태반은 그것이 사라져 버렸다는 사실조차 잊는데, 간혹 어떤 것은 지나치리만큼 선명하게 남습니다. 한 점 바래지 않은 사진 같은 기억들. 그것들은 훗날의 어느 순간에 맥락도 없이 불쑥 날아들어서는 그때의 장면 안으로 나를 잡아끌고는 해요. 재미있는 건, 본래 내 기억력이 그만큼 좋지 않다는 사실입니다.
 나는 자주 무언가를 잊어요. 아차 하고 깜빡대는 일

상, 그게 '애 낳으면 으레 그런다'는 이맘때 여성이 흔히 겪는 불편이라지만, 그렇게 묻어가기에 나의 문제는 너무 빨리 시작되었고 또 과합니다. 툭하면 놓고 온 물건을 찾으러 되돌아가거나, 바로 조금 전에 하려던 일을 까맣게 잊어 멍해지는 일이 잦습니다. 잠자리에 누워서는 조금 전 양치질을 했었는지 기억해내려 직전까지의 동선을 한 걸음씩 되짚어보기도 하고요. 그래서인지 제법 가까운 지인들에게 나는 '은근히 허술한 사람'이 되어 버린 지 오래인 것도 같습니다. 보기와 다르게 구멍이 많다는 말을 심심치 않게 듣거든요. 그 구멍의 원인은 필시, 나의 좋지 않은 기억력 때문일 가능성이 큽니다.

날로 헐겁고 둔해지는 머리지만 그나마 위안이 되는 사실은, 어떤 장면들은 시간이 지나도 아직까지도 선명히 남아 있다는 것입니다. 예닐곱 살 무렵이었을까요. 형편이 좋지 않던 아버지는 어느 날 큰딸만 데리고 몰래 외출했었습니다. 내가 꿈에도 가보지 못한 놀이공원을요. 해가 질 무렵, 외출에서 돌아오던 아버지와 언니를 동네 어귀에서 마주쳤습니다. 그때 그 장면을 잊을 수가 없어요. 나를 바라보던 두 사람의 엉거주춤한 얼굴빛, 언니의 손가락 끝에 걸려 둥둥 떠 있던 풍선의 움직임 하나까지 그림으로 그릴 수 있을 만큼 또렷합니다. 찬찬히 더듬어 보면 이런 사진 같은 기억들은 꽤 됩니다. 열여섯, 뜨끈한 방바닥에 배를 깔고 보던 패션 잡지의 한 페이지가 그렇고, 어느 겨울 친구와 함께 찾았던 청명했던 바닷가의 바닷바람이 그렇습니다. 내 헐거운 머리에서 대체 어떻게 이런 기억들이 살아남았을까요?

아마도 그건, 머리가 아닌 마음에 박힌 장면이기 때문인 것 같아요. 머리를 써서 기록한 게 아니라, 저항할 수 없이 강력한 힘으로 마음에 스민 기억인 거죠. 아빠와 언니의 비밀 소풍은 여섯 살 꼬맹이의 마음을 서럽게 뒤흔들었어요. 잡지의 한 페이지에 진하게 묻어 있던 향수 냄새가 사춘기 소녀의 감성을 자극했습니다. 바닷바람보다 맑고 시원하게 퍼지던 친구의 웃음소리는 그때 나를 얼마나 벅차게 했는지 모릅니다. 그렇게 마음을 흔든 기억들이라서, 이렇게 오랜 시간이 지나도 생생히 살아나는가 봐요. 흐릿하게 떠오르다 마는 것이 아니라, 그때와 똑같은, 시큰하거나, 미어지거나, 애달픈, 그런 심정을 되살리면서요. 그래요, 기억은 마음이 남기는 사진이 맞습니다.

돌아보면, 삶이란 그런 기억들의 집합인 것도 같습니다. 기쁘고 행복했던 기억뿐만 아니라, 억울하고 아팠던 감정도 결국 내 삶의 조각이 되어 나를 이루는 것을 보면요. 오늘 하루도 또 하나의 단단한 조각으로 내 마음에 남겠지요. 그날 붉은 노을 아래에서 그랬듯이, 이 순간도 언젠가 내 삶을 출렁이게 할 기억으로 남을 테니까요. 그 기억들이 내 삶의 방향을 잡아주고, 다시 나아갈 힘을 줄 거라고 믿습니다.

기억은 단지 과거의 기록이 아니라, 우리의 오늘과 내일을 비추는 거울일지도 몰라요. 그러니 지나간 순간을 억지로 붙들거나 잊으려하기보다, 그 안에 담긴 이야기를 온전히 마주하는 용기를 내야 하지 않을까요? 그때의 나와 지금의 나를 연결하며, 삶의 무게를 감당할 단단한 축으로 삼을 수 있다면, 기억은 단순히 지나가는 시간이 아닌, 앞으로 내가 살아가야 할 이유가 될 것입니다.

내 자리

이사는 늘 피곤합니다. 시대가 아무리 좋아졌다고 해도 이건 변하지 않더군요. 십 년을 쓰며 낡고 망가진 세간들을 시원하게 버리고 왔지만, 버려진 것들만큼 남은 것들이 제자리를 찾지 못해 집 안 곳곳에 널브러져 있었습니다. 당장 편히 누울 침대조차 없는 상황이 이어졌습니다.

물건만이 아니었습니다. 가구가 제 위치를 잡지 못하니, 사람마저 가구를 의지하지 못한 채 이리저리 옮겨 다녔습니다. 가장 편안해야 할 잠자리가 불안하니 모든 일상이 붕 떠 있는 기분이었습니다. 불편한 공간은 불안한 마음을 불러오고 그런 집에서 글이 써질 리 없었습니다. 이사한 후 몇 주간 한 줄도 제대로 쓰지 못하며 숙제를 밀린 아이처럼 마음이 찜찜했습니다.

그때 결심했습니다. 일단 내 자리를 만들어 보자고요. 그간은 아이들 방이나 식탁 한 귀퉁이처럼 그날그날 세 살이 하듯 옮겨 다니며 글을 썼지만, 이제는 붙박이로 내 글쓰기 공간을 만들어야겠다고요. 작은 방 창가 곁에 책상을 놓기로 했습니다

빠듯한 일상에서 겨우 짜낸 하루 두세 시간. 그 소중한 시간을 보내는 공간이 나와 서로 잘 맞았으면 했습니다. 들어가기만 해도 글을 쓰고 싶어지는, 나를 부르는 공간이 되길 바랐습니다. 그래서 선택이 중요했습니다. 흰색이나 금속 재질의 책상은 아무래도 냉정해 보였어요. 그 책상들은 내가 내놓는 말들을 "그건 내 알 바 아니야." 하고 매정하게 밀어낼 것 같았습니다. 그래서 따뜻한 원목 책상을 골랐습니다. 의자도, 여섯

칸짜리 작은 책장도 같은 재질로 맞췄습니다.

원목의 질감은 묘한 위로를 줍니다. 새것인데도 새것 같지 않은 그 나무는 품이 넓어 보였습니다. 자연의 품속에서 자란 나무는 무엇이든 다 받아줄 것만 같았습니다. 그런 마음으로 책상을 고르고, 조명과 향기도 신경 썼습니다. 은은한 빛의 조명을 달고 머리를 맑게 해줄 디퓨저를 책장 위에 올려놓았습니다. 그렇게 작은 방 한편에 바라보기만 해도 흐뭇한 '나만의 공간'이 완성되었습니다.

사실 원하는 대로 꾸미기에는 집이 넉넉하지 않았습니다. 두 아이를 키우는 엄마가 아이들 책상보다 자기 책상을 먼저 고르고 배치하는 일이 민망하기도 했습니다. 솔직히 식탁 한 귀퉁이만으로도 만족할 수 있었을 겁니다. 하지만 끝내 내 자리를 만들 수 있었던 건 가족 덕분이었습니다. 어느새 아이들도 엄마에게 그런 공간이 있다는 사실을 자연스럽게 받아들이더군요.

그러니 내 자리는 엄마의 역할을 소홀히 하게 만드

는 공간이 아닙니다. 오히려 나로서 살아가기 위한 방 하나를 더 가진 것일 뿐입니다. 아이들에게도 "엄마도 자기 자신으로 살아가려고 노력해." 내가 그런 메시지를 전하고 있다는 걸, 아이들도 조금씩 알아가고 있기를 바랍니다. 다행히 아이들 역시 엄마가 가진 이 공간을 자신들의 일처럼 자랑스러워하니, 이보다 더 고마운 일이 있을까요.

우리 모두에게는 '자기 자신'으로 살아가기 위한 자리가 필요합니다. 그것이 물리적 공간일 수도 있고, 마음속의 다짐일 수도 있겠지요. 중요한 것은 그 자리가 스스로에게 의미 있는 공간이 되어야 한다는 겁니다. 세상이 만들어 놓은 기준이 아니라, 자신이 매기는 점수로 자신의 삶을 평가할 용기. 그리고 그 용기를 삶 속에서 실현하는 의지. 그것이 결국 우리를 진짜 나답게 만들어줄 것입니다.

그러니 누군가의 엄마, 아내, 자식이라는 이름 뒤에 묻혀 버리지 마세요. 나로서 살아가는 공간, 나만의 자리를 마련하세요. 그것이 어떤 모양이라도 괜찮습니다.

결국, 그 자리에서 시작된 당신의 삶이 당신의 세상을 채울 테니까요.

모든 순간이
완성형이라는
믿음

거실 창에 불그스름한 저녁 하늘이 걸렸습니다. 솜사탕을 펼쳐 놓은 듯 부드럽고 아련한 노을. 그걸 보고 있자니 팽팽했던 하루의 긴장도 서서히 풀리는 기분입니다. 빠듯하게 돌던 시간이 한 박자 쉬어가는 느낌이랄까요. 괜히 상상도 해봅니다. 저 노을을 휘휘 감아서 내 방에 걸어두면 어떨까? 세계 최고의 아름다운 액자가 될 거예요.

저것은 분명 태양이 건네는 위로입니다. 어둠이 오기

전에 제 한 몸 바짝 태워 하늘을 물들이는 태양의 위로. 쓸쓸했던 하루도, 들떠 있던 하루도, 버거웠던 하루도 개의치 않고 그저 따뜻하게 등을 쓸어주는 것 같습니다. '잘했다, 고생했다.' 그렇게 말해주는 것처럼요. 노을 앞에 서면 내 고단한 하루가 절로 녹아내립니다.

그런데 저건 오래 머물지 않습니다. 눈 깜짝할 사이 사라지는 짧은 신비. 아쉬운 마음에 사진으로라도 붙잡아 보지만, 그것도 헛일입니다. 그 순간의 감흥을 사진에 담아두었다고 다시 고스란히 꺼내 볼 수는 없으니까요. 수도 없이 찍었던 노을 사진들, 정작 일상의 어느 날 문득 꺼내 본 적도 없고, 우연히 발견한다고 해도 그저 '예뻤던 하늘' 이상의 감흥을 느끼지 못합니다. 아마도 그 찰칵 소리와 함께 모든 것이 왜곡되기 때문일 겁니다. 그 순간의 거대한 색감도, 내 감흥도, 사진 속에서는 빛을 잃어버리니까요. 저 하늘은 오직 지금 내 눈앞에 있을 때만 살아 있습니다.

차차 검어지는 하늘을 보며 문득 생각이 들었습니다. 나는 무엇이 아쉬운 걸까. 사라지는 노을이 아쉬운 걸까, 아니면 더 완벽하게 불타는 하늘을 보지 못한 것이 아쉬운 걸까. 내 마음속에서 어렴풋이 떠오르는 단어는 '완성'이었습니다. 그리고 이어지는 단어는 '욕심'이었죠. 이미 충분히 아름다운 노을을 바라보면서도 나는 어쩌면 더 넓게 번지길, 더 붉게 치닫길 바랐던 건 아닐까요? 완벽한 아름다움을 원하면서 더 큰 감흥을 기대했던 건 아닐까 싶었습니다. 그러다 보니 어느새 저물어 버린 노을이 아쉽게 느껴졌던 것인지도 모르겠습니다.

이제 막 져 버린 하늘을 바라보며 생각했습니다. 조금 전 내가 본 것이 사실은 이 노을의 절정이었겠지요. 그런데 지나고 나서야 절정이었음을 깨닫는 게 문제입니다. 만약 그 순간에 이것이 절정이라는 걸 알았더라면, 내가 느낀 감흥은 더 깊고 풍부했을까요? 혹은, 곧 사라질 노을을 예상하며 조금 덜 아쉬워할 준비를 할 수도 있었을까요? 하지만 누구도 노을의 시작과 끝을 정확히 알 수는 없습니다. 노을은 이미 붉어진 채 우리 앞에 다가와 있고, 언제든 기별도 없이 흩어져 버립니다. 절정은 늘 지나고 나서야 절정이었다는 걸 알게 됩니다.

  삶이 노을과 참 많이 닮았다는 생각을 합니다. 우리는 저마다 자기 삶의 완성을 그리며 살아가지요. 절정이라 믿는 그 순간을 향해 부지런히 달려요. 하지만 도착한 뒤에야 그것이 우리가 그리던 절정인지 깨닫기도 하고, 때로는 도착하고도 깨닫지 못한 채 지나가기도 합니다.

  이십 대 중반, 방황하던 나는 임용시험에 합격하는 것만이 내 삶의 완성이라고 믿었습니다. 작은 도시락과 무거운 책을 가방에 넣고, 푸른 새벽을 밀치며 도서관으로 향하던 그 시절, 동네 초등학교 옆을 지나며 내 삶의 절정은 저곳이 될 거라고 다짐했었지요. "그때면 이 출렁이는 인생도 고요해질 거야. 얼마나 행복할까." 상상만으로도 벅찼습니다. 하지만 막상 그곳에 도착했을 때는 몰랐습니다. 이 순간이 내가 꿈꿨던 완성형이라는 사실을요. 예상치 못한 변수들과 인간관계 속에서 그토록 바라던 완성형이 흔적도 없이 지워져 갔습니다. 도망치고 싶었고, 놓아버리고 싶었고, 그때의 나에게 행복은 너무 멀게만 느껴졌습니다.

뒤늦게 알았습니다. 삶의 절정은 특정한 도착점에 있지 않다는 것을요. 도서관으로 향하던 새벽, 코끝을 스치는 신선한 공기, 해냈다는 뿌듯함이 밀려들던 늦은 밤의 달빛. 내 삶의 진짜 절정은 바로 그 순간들이었습니다.

노을은 사라졌다가도 또 다른 날, 불쑥 다시 찾아옵니다. 삶도 그렇지 않을까요. 끝없이 치솟았다가도 어느 순간 곤두박질치고, 완전히 어두워졌다고 느낄 때쯤 다시 밝아오는 날이 찾아오는 것. 결국, 지금 이 순간도 절정의 한 부분이라는 사실을 잊지 않으려 합니다. 언젠가 이 순간이 내 인생의 노을이었다는 걸 떠올리며 미소 지을 날이 올 테니까요.

가짜
슬픔

　주말 아침, 약속 시간에 늦을까 서둘러 집을 나섰습니다. 정류장에 도착해 가방을 뒤적였지요. 그런데 이상했습니다. 한참을 뒤적여도 이어폰이 나오질 않았거든요. 벤치에 가방을 내려놓고 더듬더듬 손을 놀렸지만, 어디에도 이어폰은 없었습니다. 거실에서 분명 손에 들었던 이어폰이었는데, 현관을 나서는 그 찰나에 어딘가에 내려둔 모양입니다. '안 가지고 나왔구나.' 그렇게 체념하고 이어폰 없는 하루를 시작했습니다.

그날은 평소와는 다른 하루였습니다. 목적지까지 가는 길, 늘 귀에 흐르던 음악이 사라진 시간의 반은 마치 통째로 음소거가 된 듯 느껴졌습니다. 사람들의 대화 소리, 지하철 안내방송, 자동차 경적, 아이의 칭얼거림, 모두 여전했지만 음악이 빠지니 풍경이 텅 빈 것처럼 느껴졌습니다. 모든 것이 밑그림 같았어요. 생기 없이 흑백으로 스케치한 도시처럼요. 어쩌면 오랜 습관이 가져온 낯섦이었겠지요. 하지만 그 낯섦이 흥미로웠습니다. 왜 나는 항상 음악을 들으며 걷고, 음악으로 내 하루를 채워야만 했을까요?

혼자 집을 나설 때면 늘 음악이 함께했습니다. 그날의 기분에 따라 곡은 달랐지만, 차분히 내려앉은 느낌의 음악을 자주 골랐던 것 같습니다. 어둠 속에서 울리는 작은 불빛처럼 희미하고 조용한 곡들이었지요. 그래서였을까요. 거리의 풍경들이 늘 서글프게 보였던 이유가요. 부서지는 햇살이 어딘지 모르게 서럽고, 웃는 아이의 얼굴에서도 이유 없이 길게 여운이 남았습니다. 그러다 보면 언제나 같은 질문이 찾아왔습니다.

"사는 게 뭘까. 행복이란 대체 뭘까."

그 질문은 약속 장소에 도착하는 순간 순식간에 사라졌습니다. 그리고 언제 그랬냐는 듯 생기 넘치는 내가 되어 현실로 돌아왔지요. 조금 전의 우울함이나 생각들은 마치 없었던 일처럼 잊혔습니다. 돌아보면 나는 풍경에 음악을 입히며 그것을 나만의 방식으로 해석하고 있었습니다. 티 없이 밝은 아이의 웃음에 슬픔을 덧씌우고, 찬란한 햇살에 서러움을 얹는 건 전적으로 나의 선택이었지요. 만약 경쾌하고 밝은 음악을 골랐다면, 내가 본 세상도 분명 더 환하게 보였을 겁니다. 그런데도 늘 반대의 음악을 고른 내가 의아했습니다. 혹시 우울증이 있는 건 아닐까 의심했지요.

우울증에 대해 한참을 생각했습니다. 다행히도 나는 거기에 해당하는 사람은 아니었어요. 대신 내 행동에 대한 새로운 추측이 떠올랐습니다. 어쩌면 그건 우울증보다 더 실망스러운 이유였습니다. 사실 요즘 내 삶은 그야말로 '인생의 봄날'이라고 부를 수 있는 시기입니다. 단조롭고 쓸쓸했던 마흔 전의 삶과 달리, 지금은 화려하고 생기가 넘칩니다. 하고 싶은 일들을 하며, 이전엔 감히 꿈도 꾸지 못했던 일들에 도전하고 있습니다. 내 이름이 처음으로 마음에 들기 시작했고, 어쩌면 나도 가능성이 있는 사람일지도 모른다는 희망이 생겼습니다. 그런데 이 행복이 과분하다는 느낌을 지울 수 없었습니다.

행복에는 불안과 죄책감이라는 부작용이 따르나 봅니다. 나는 내가 가진 행복이 언젠가 사라질까 두려웠던 겁니다. 너무 잘 풀리는 것 같아서, 너무 잘 살고 있는 것 같아서요. 그래서 더 행복하지 않으려 애썼던 건 아닐까요? 무거운 음악으로 내 기분을 낮추고, 과도한 행복을 억누르려 했던 겁니다.

'너무 행복해서, 조금은 힘들어 보이려고.'

이렇게 솔직히 말할 수 있는 용기를 내지 못했던 것 같습니다. 지금 돌이켜보면 그 음악은 나를 속이는 도구였던 겁니다. 지나치게 들떠 보이지 않으려는 내 방어기제였던 거죠. 피식 웃음이 났습니다. 이렇게까지 행복을 눈치 보며 살아야 할 만큼 내가 대단한 삶을 누리고 있는 것도 아닌데 말이죠. 하지만 한편으로는 이런 지나친 생각들이 완전히 틀린 건 아닐지도 모릅니다. 지금 나는 정말 행복하니까요.

이 행복은 내가 만든 것입니다. 고마운 사람들의 도움도 있었지만, 결국 그 손을 잡은 건 나였으니까요. 손을 잡는 순간, 다른 한 손을 놓아야 했던 아픔도 내가 감당했고요. 그래서 내 행복은 정당합니다. 감추거나 미안해할 필요가 없는, 당당한 내 것이었습니다. 행복은 우리가 그것을 누릴 용기를 가질 때만 진정으로 우리의 것이 된다는 말처럼이요.

앞으로는 내 행복을 애써 눌러 담지 않으려 합니다. 흐린 노래로 세상을 누렇게 물들이던 습관도 이제는 멈출 겁니다. 신나게 웃고, 진짜로 슬퍼질 때는 크게 울겠습니다. 나 자신에게 솔직한 감정이야말로 내가 누릴 수 있는 가장 큰 행복이라는 걸 깨달았으니까요.

김밥은 밥이 생명이다

"에헤이~ 밥을 이렇게 많이 넣으면 안 된다니까."

나름 열심히 싼 내 김밥을 보고 남편이 또 한마디를 얹습니다. 팔을 걷어붙이며 본인이 쌀 테니 잘라주기나 하라네요. 아이들 소풍날 아침, 부지런히 김밥을 싸던 중이었습니다. 수십 번을 싸 본 김밥인데도 쌀 때마다 달라지는 김밥은 내게 있어 제일 까다로운 음식이에요. 맛도 그렇고, 모양 하나 제대로 내기도 쉽지 않거든요. 간의 정도나, 밥의 질기가 어떤가에 따라 맛이 휙

획 변하더군요. 밥양은 또 어떻고요. 조금만 많이 넣어도 김밥 옆구리가 터지기 일쑤고, 그렇다고 너무 적게 넣으면 모양이 잡히지 않아 흐물거렸어요. 적당한 두께로 깔린 밥의 정 가운데에, 색색의 재료들이 단단히 박혀 있는 완벽한 모양의 김밥. 그게 그렇게 어려울 수 없습니다.

  결혼 초에도 핀잔을 들은 기억이 있습니다. 뭔가 살짝 아쉽다더군요. 아무리 요리에 소질이 없대도, 어지간해서 맛없기 힘든 음식이 김밥 아닌가요? 갖가지 양념 된 재료들이 총집합되는 음식이니까요. 모양은 둘째치고 맛이 없다니, 주방을 엉망으로 만들며 쏟은 노력이 허무했습니다. 엄마가 싸던 방법을 떠올리며 열심히 만든 김밥이었어요. 우리 엄마 김밥에는 늘 밥이 많았거든요. 어쨌든 내 입에는 제법 괜찮았습니다. 내겐 표준 같았던 엄마의 방식이 틀렸다는 남편의 평가에 설명하기 힘든 묘한 마음이 일었어요. 그것은 내 음식 솜씨가 별로라는 속상함 이상의 어떤 서글픔 같은 것이었습니다.

초보 주부 시절, 주방에 설 때마다 엄마에게 전화를 걸었더랬습니다. 하지만 수화기 너머로 들리는 '자박자박 썰고', '한소끔 끓이고', '들쩍지근해질 때까지'와 같은 엄마의 조리법은 모호하기만 했죠. 그야말로 세월 속에서 천천히 완성되었을 엄마의 계량법을 단숨에 터득할 리가 없었습니다. 그러니 엄마가 하라는 대로 해도, 내 음식은 늘 기복이 있었어요. 어떤 날은 싱겁고, 어떤 날은 짰습니다.

엄마처럼만 만들면 파는 음식도 부럽지 않을 텐데. 작정하고 배운 적은 없었어도 주방일이 손에 익기만 하면 나도 절로 잘하게 되지 않을까, 그때는 그랬어요. 서른 해 가까운 시간 동안 엄마 밥만 먹고 자란 딸이니까요. 엄마 음식을 닮고 싶었습니다. 하지만 그런 나의 바람과는 별개로 남편의 평가는 대체로 박했어요. 엄마의 음식이 간이 센 편이라는 것, 그런 음식을 먹고 자란 내가 만든 음식 역시 당연히 짜고 매울 수밖에 없다는 것을 결혼하고 나서야 알았습니다. 그간 세상에서 제일 맛있다고 여기던 우리 엄마 음식이, 그러니까 내가 살아온 세상이 남편에게는 별로라는 사실이 서글펐나 봐요.

하지만 그 마음도 세월 따라 흘러갔습니다. 마흔을 넘긴 지금 내 음식은 엄마의 음식에서 한참이나 멀어졌지요. 요리를 자주 하는 성실한 주부는 아니지만 이제는 어릴 때 먹어보지 못한 나만의 찌개가 생겨나기도 했고, 심지어는 종종 엄마의 음식에 훈수를 두기까지 합니다. 너무 맵다는 둥, 짜다는 둥, 오래된 건 좀 버리라는 둥 감히 엄마의 주방에 입을 대요. 머리 좀 컸다고 잔소리해대는 유난스러운 딸내미가 미울 법도 한데, 도리어 엄마는 갈수록 딸내미의 눈치를 봅니다. 나이가 드니 눈도 침침하고 혀도 무뎌지는 것 같다며 딸 비위를 맞춰요. 그때마다 '아차' 싶다가도 동시에 속이 상해요. 엄마는 뭐가 그렇게 늘 미안하기만 한 걸까요.

나이 들어 변한 건 엄마가 아니라 나라는 걸 압니다. 결혼하기 전까지 내게 엄마는 그냥 다 옳은 사람이었어요. 엄마가 내려 주는 사랑을 받아먹기만 하던 때였으니 그럴 수밖에요. 엄마의 세계로부터 자진해서 떨어져 나온 건 나였습니다. 내 가정을 꾸리고 내 살림만 사느라 엄마에게서 너무 멀어져 버린 내 탓이지요. 이제는 나도 엄마예요. 여전히 엄마를 사랑하는 딸이지만, 동시에 그보다 더 큰 사랑을 내 자식에게 보내야 하는 엄마요. 사랑의 방향이 바뀌었습니다. 갈수록 간이 세지는 엄마의 음식, 여기저기 손대고 싶은 주방 살림을 볼 때마다 울컥한 마음이 드는 것은, 저물어가는 엄마에 대한 속상함 때문일 겁니다. 마치, 나는 이미 저만치 가 버렸는데 아직도 붙박이처럼 여기 남아서 나를 기다리는 엄마를 보는 것 같아서일 거예요. 그렇게 힘세고 커다랗던 내 세상이 너무나 작고 앙상해진 것 같아서, 그래서일 겁니다.

아직도 가족 나들이 때마다 종종 엄마는 김밥을 싸옵니다. 나들이 시작도 전에 진 다 빠지니, 아무것도 챙기지 말라고 해도 엄마 손에는 늘 한 짐 가득합니다. 이제는 내 입에도 너무 퍽퍽해져 버린 엄마의 김밥을 볼 때마다 묘한 감정이 들어요. 밥심으로 산다는 말이 신앙 같았을 우리 엄마, 소풍 간 자식 허기질까 걱정스러운 마음에 두둑하게 밥을 깔았겠지요. 퍽퍽한 김밥은 엄마의 사랑이었습니다. 그 사랑이 아직도 여전히, 미련하리만큼 한치의 변함도 없이 고스란히 김밥에 남았습니다.

수시로 엄마의 여기저기에 자를 대는 미운 딸이지만, 엄마의 김밥만큼은 늘 군소리 없이 먹어요. 크고, 두툼하고, 퍽퍽한 김밥. 그걸 입안 가득 밀어 넣으면, 엄마의 마음이, 그 큰 사랑이 입안 가득, 목구멍 가득 차올라 입을 열 수가 없습니다. 나는 엄마 김밥이 언제나 반갑고, 아프고, 또 고맙습니다. 그리워할 날은 부디 아주, 아주 나중이었으면 좋겠어요.

봄을 놓아주는 일

사랑은 비극이어라.
그대는 내가 아니다.
추억은 다르게 적힌다.
– 이소라의 〈바람이 분다〉 중에서

글을 쓰고부터 노랫말이 들립니다. 대학 시절, 별 감흥 없이 들었던 노래가 새롭게 다가옵니다. 이렇게 아름다웠었다니, 구절마다 취한 듯 빠져들었습니다.

그대는 내가 아니고, 나는 그대가 아니니 추억이든, 상황이든, 감정이든 얼마든 다르게 적힐 수 있습니다. 나에게는 봄처럼 만개하고 있는 사랑의 순간이 그대에게는 저물어가는 가을의 한 가운데라면 이보다 쓸쓸한 일이 있을까요. 갑작스럽지만 어쩔 수 없을 테지요. 활짝 핀 내 사랑의 모가지를 꺾고 그의 지는 사랑을 받아들여야 합니다. 더는 나와 같은 계절이 아닌 그를 놓아주어야 합니다.

'변함의 정당함'을 인정받고자 하는 이와, '변함에 대한 책임'을 물으려는 이. 머리로는 변하는 모든 것이 백번 이해되지만, 남는 이로서는 그걸 수긍하기가 여간 어려운 일이 아닐 수 없습니다. 나는 여전히 애가 닳는데, 돌아 등을 보이는 상대를 어떻게 감당해야 할까요.

어디 사랑으로 얽힌 관계만 그럴까요. 각기 다른 역사가 만나는 모든 만남이 그러하겠지요. 무척이나 임의롭게 여겨온 한 사람에게 나란 존재는 이름조차 잘 떠오르지 않을 만큼 희미한 것일 수도 있습니다. 꽉꽉

하지만 어쩔까요. 그는 내가 아닌 것을. 같은 감정으로 아름다웠던 때를 추억하는 관계도 차고 넘치지만, 정반대의 상황도 얼마든 존재한다는 것을 살아볼수록 알겠습니다.

관계에서 불만이 생길 때, 그 마음의 밑바닥을 파헤쳐보면 변함에 대한 두려움이 도사리고 있었습니다. 신혼 시절, 밥상에 앉아 제 숟가락만 놓는 남편이 그렇게 서운하더군요. 연애할 때는 더없이 자상하던 사람이, 이제 나는 잡은 물고기가 된 거구나 싶었습니다. 나에게는 하지 않았던 어떤 진지한 생각을 다른 지인 앞에서 털어놓을 때 아내로서의 내 존재가 증발하는 기분이었습니다. 각별했던 친구의 마음이 조금씩 묽어지는 걸 느낄 때도 있었네요. 그땐 저와 나의 그 긴 시간을 어찌 이리 쉽게 내려놓을 수 있는지 배신감까지 들더군요. 그뿐인가요. 털어놓은 고민이 한낱 철부지 하소연으로 나가떨어질 때, 내겐 여전히 일 순위인 상대가 나를 두 번째, 세 번째 일로 밀어낼 때, 그때마다 나는 식어가는 상대의 온도가 느껴져 가슴이 시렸습니다.

하긴 별다른 이유 없이도 달라질 수 있는 게 삶입니다. 붙잡을 수 없는 시간, 그걸 통해 일어나는 자연의 이치를 무슨 도리로 멈춰 세울까요. 저렇게 눈부신 머리 위 하늘도 때가 되면 어둠에 밀려나고, 어찌 내놓을까 싶던 솜털 가득한 핏덩이도 어김없이 부모 품을 떠나 제 삶으로 달아납니다. 그게 인생입니다. 사실 우리는 어제의 나로부터도 조금씩 멀어지고 있지 않나요. 애초부터 다른 별이었던 나와 타인이 연결되길 소망하는 것부터가 터무니없는 욕심인지도 모르겠습니다.

계절도 변하고, 사랑도 변합니다. 하지만 결국은 다시 돌아온다는 것도 압니다. 같은 강물이 없듯 똑같은 계절과 사랑은 아니겠지만, 분명 봄은, 사랑은 또 다른 모습으로 나를 찾아올 터입니다. 그러니 지금의 나를 피운 봄이 때가 되었다며 시리게 등을 보인대도, 이제는 초연히 보내주고 싶습니다. 괜찮다, 괜찮다. 가만히 등을 쓸어 보내는 어른이고 싶습니다.

바보라고
　　말하는 사람이
　　　　바보다 ↵

"야! 넌 바보같이 그것도 못 하냐?"

유치원 점심시간, 일곱 살 오빠가 두 살 어린 동생에게 날 선 말을 던졌습니다. 젓가락질이 서툰 동생을 보고 거침없이 내뱉은 핀잔이었죠. 고요한 급식실에 울려 퍼진 그 한마디는 순식간에 모두의 시선을 끌었습니다.

나는 잠시 멈칫했습니다. 아이가 왜 그렇게까지 말했을까를 생각하기보다, 순간적으로 찾아온 불쾌감이 먼저였습니다. '바보라니, 그것도 선생님들 다 보는 앞에서?' 미간에 잔뜩 힘을 주고 아이를 바라보니, 아이도 머쓱했는지 혀를 쏙 내밀며 고개를 떨궜습니다. 그런데 그보다 놀라운 일이 일어났습니다.

"우리 아빠가 말했어. 바보라고 말하는 사람이 바보래! 그러니까 오빠가 바보야. 오빠는 우유도 못 먹으면서!"

다섯 살 동생의 목소리는 단단하고 똑 부러졌습니다. 눈물이 터질 줄만 알았는데 나는 속으로 '와우!'를 외쳤습니다. 평소 작은 일에도 상처를 잘 받아 울음부터 터뜨리던 아이였기에, 그 반격이 얼마나 신선하고 놀라웠는지 모릅니다. 조금 통쾌하기도 했습니다. 교사로서 이런 감정을 느끼는 게 맞는지 고민도 됐지만, 사람의 본성은 참 솔직하죠. 아이의 말을 듣고 나도 모르게 미소가 번졌습니다. 급식실은 순식간에 웃음바다가 되었고, 오빠는 입을 삐쭉거릴 뿐 아무 대답도 하지 못했습니다. 그날 나는 아무 말도 하지 않았습니다. 동생의 항변은 선생님의 훈계보다 훨씬 효과적이었으니까요.

'바보라고 하면 안 돼.' 같은 상식적인 지적보다, 동생의 한마디가 아이들에게 훨씬 더 깊은 인상을 남겼을 겁니다.

아이들과 생활하다 보면 유난히 거친 말을 쓰는 아이를 만나게 됩니다. 처음에는 당황스럽고 그 말들에 놀라기도 했습니다. 그러나 시간이 지나면서 깨달았습니다. 아이들의 거친 말은 단순히 공격이 아니라 자기 삶의 어려움을 드러내는 신호라는 것을요. 아이들은 자신을 둘러싼 문제를 드러내기 위해 무언가를 말하거나, 행동하거나, 때로는 그림으로 표현합니다. 마음속에 쌓인 감정을 누군가에게 알려주기 위해 신호를 보내는 거죠. 그래서 이제는 그런 말을 들을 때마다 아이를 꾸짖기보다, 무엇이 그 말을 하게 만들었을지를 먼저 생각하게 됩니다. 물론 쉽지는 않습니다. 날것 그대로의 비난을 들을 때마다 어쩔 수 없이 놀라고 당황스러운 마음이 먼저 드는 건 사실이니까요.

그럼에도 놀라운 건 아이들의 유연함입니다. 때로는 친구의 거친 말을 받아들이고, 때로는 단단히 반격하며, 또 때로는 친구를 다독이며 문제를 해결합니다. 아이들은 저마다의 방식으로 자신을 지키고, 관계를 회복할 줄 압니다. 어른인 나는 왜 이렇게 서툰 걸까요. 누군가 던진 비난의 말에 마음이 구겨지고, 끝없이 그것을 곱씹습니다. 때로는 잘못이 없는데도 내가 맞아야 할 돌이라 여기며 스스로를 탓하기까지 합니다. 아이들은 그렇게 하지 않는데요. 아이들은 그저 '너무 화가 나서 그랬겠지.' 하고 받아넘기거나, "넌 왜 그런 말을 해?" 하고 되받아치면서 자신의 감정을 명확히 표현합니다.

어른이 되면서 우리는 점점 더 복잡한 방법으로 문제를 해결하려 하지만, 정작 가장 단순하고 건강한 방법을 잃어버린 건 아닐까요? 비난의 말은 상대방의 상태를 비추는 거울일 뿐, 내 잘못이 아님을 아이들은 본능적으로 압니다. 하지만 어른이 된 우리는 그것을 자주 잊고, 쓸데없이 마음에 품고 상처로 남기곤 합니다.

아이들처럼 살고 싶습니다. 누군가의 말에 휘둘리지 않고, 필요할 때는 단단히 반격하며, 상대의 아픔을 헤

아릴 줄도 아는 사람이 되고 싶습니다. 하지만 그저 나만의 이야기로 끝나선 안 되겠지요. 아이들은 아프게 하는 말을 받으며 성장하고, 그 속에서 스스로를 단단히 지켜내는 방법을 배웁니다. 우리는 그런 아이들에게서 배울 필요가 있습니다. 상대의 말이 나의 잘못을 의미하지 않는다는 것을요. 그리고 우리가 우리의 감정을 솔직히 표현할 권리가 있다는 것을요.

 누군가 비난을 던질 때 그 말이 나를 흔들지 못하게 하세요. 때로는 단순하게, "바보라고 말하는 사람이 바보야!" 하고 되받아치는 용기를 가져보세요. 그렇게 나 자신을 지키는 건강한 어른으로 살아갔으면 합니다.

은유를
닮은
세상

"우리 아빠는 백 원이 다섯 개나 있어! 경찰 아저씨하고 싸워도 이겨!"

교실 한쪽에서 아이의 목소리가 우렁차게 울렸습니다.

"푸하하! 야! 오백 원은 너무 작잖아!"

"경찰 아저씨랑 싸우면 나쁜 거야!"

웃음과 충고가 뒤섞인 반응에, 금방이라도 터질 듯 의기양양하던 아이의 얼굴이 붉게 물들었습니다. 뽀얗고 단단했던 볼이 금세 상기된 채, 아이는 머쓱하게 친구들의 반응을 바라보았죠.

아이는 그저 세상에서 가장 강하고 대단한 아빠를 자랑하고 싶었을 겁니다. 경찰이라는 존재는 아이들 세계에서 힘과 권위를 상징하는 절대적인 존재. 그 경찰을 상대할 수 있는 아빠라면, 그 아빠의 강함이야말로 의심할 여지가 없을 테니까요. 그렇게 무심히 뱉은 말 속엔 아이의 자랑과 사랑이 잔뜩 담겨 있었겠지요. 아이들은 종종 비슷한 말을 합니다.

"내가 제일 빨라."

"우리 엄마는 너희 엄마보다 키가 커."

"우리 집이 너희 집보다 높아."

서툴고 단순하지만, 그것이 아이들이 세상 속 자신을 증명하는 방식임을 압니다. 세상에서 자신의 자리를 확인하고, 자기 존재를 빛내기 위해 내뱉는 말들. 그날 아이가 말한 아빠도 그런 방식으로 증명하고 싶었던 것이겠지요. 하지만 그 말이 떠난 자리에는 묘한 여운이 남았습니다. 어쩌다 우리는 비교의 언어에 이렇게 익숙해졌을까? 아이들만의 문제가 아니었습니다. 어른들의 말도 늘 비교와 서열에 물들어 있으니까요.

"누가 더 잘했어?"

"이게 더 나아."

"나보다 뛰어나."

비의 언어는 어른들의 세계에서 먼저 자리를 잡았고, 자연스레 아이들의 입속으로 흘러간 게 아닐까요. "남과 비교하는 순간, 모든 즐거움은 사라진다."는 마르크스 아우렐리우스의 말처럼, 비교는 우리 삶에서 불필요한 불행을 낳곤 하죠. 그 불행의 씨앗이 되는 말들을, 우리가 얼마나 자주 아무렇지 않게 내뱉는지 돌아보게 됩니다. 말은 물과 같아서 위에서 아래로 흐릅니다. 어른이 사용하는 말이 아이들의 마음에 스며들고, 아이들의 세계를 만들어갑니다. 엄마이자 선생님으로서, 내가 내뱉은 말들이 아이들의 마음에 어떤 흔적을 남겼을지 생각하니 마음이 무거웠습니다. "누가 제일 잘했나."를 묻던 말들이 아이들에게 어떤 메시지를 전했을까요? "나는 너를 있는 그대로 사랑한다."는 말과는 거리가 멀었겠지요.

아이들의 마음 밭에 시시때때로 은유의 씨앗을 심어주면 어떨까요.

"우리 아빠는 나무 같아."

"너희 아빠는?"

그런 대화가 오가는 세상을 꿈꿉니다. 비교와 경쟁이 아닌, 은유로 세상을 바라보는 아이들. "나는 하늘을 닮았어.", "내 친구는 강물 같아." 은유를 통해 자신과 세상을 바라본다면, 자신을 증명하기 위해 다른 사람을 낮출 필요가 없어질 겁니다. 랄프 왈도 에머슨은 "자연은 인간의 가장 위대한 교사"라고 말했습니다. 자연에서 배우는 은유의 힘은 스스로를 이해하고 세상과 조화롭게 살아가는 법을 알려줍니다.

언젠가 교사 연수에서 한 강연자가 했던 말이 떠올랐습니다.

"유치원에서 아이들에게 노래 좀 그만 가르치세요. 더 실용적인 걸 가르쳐야 합니다."

얼마나 끔찍한 발언이었는지요. 우리는 삶을 배우기 위해 노래를 부르고, 살아가기 위해 시를 씁니다. 아이들은 노래해야 합니다. 비교하고 줄 세우는 팍팍한 세상에서 조금이라도 자유로울 수 있으려면 그들에게 노래가 필요합니다. 노래는 그 자체로 삶을 아름답고 부드럽게 만들어주니까요.

노래를 통해 은유를 배우는 아이들은 삶의 기준이 맨 앞자리에 서는 것이 아닌, 각자의 자리가 얼마나 소중한지를 자연스레 알게 될 겁니다. 세상에서 무엇을 나누고, 어떻게 살아갈지를 고민하게 될 겁니다.

"어른들은 왜 경쟁만 하나요? 어른들의 세상에는 은유가 없나요?"

언젠가 아이들이 세상에 은유를 물어볼 날이 올 겁니다. 그날이 오면, 우리는 그 질문 속에서 잃어버렸던 무엇을 다시 배우게 될지도 모릅니다. 아이들이 노래하고 시를 품으며 세상을 바꿀 그 날을, 조용히 기다립니다.

불길한 예감은 왜 틀리지 않을까?

어떤 날은 불길한 기운이 나를 따라오는 듯합니다. 나쁜 꿈을 꾸거나, 그릇을 깨뜨리거나, 심지어 아무 이유 없이 불안한 날이요. 그런 날엔 어김없이 무언가 불쾌한 일이 생깁니다. 내가 내뱉는 말이 스스로를 향한 예언이라도 되는 양, "이럴 줄 알았다니까." 하고 중얼거리며 스스로의 예감을 증명이라도 하려는 듯한 기분이 들곤 합니다.

반대로 좋은 예감은 왜 이렇게 잘 맞지 않는 걸까요?

까치가 울면 반가운 손님이 온다던 속담은 누가 지어낸 건지, 까치를 볼 때마다 무슨 일이 생길지 기다렸던 내가 바보 같았습니다. 꿈자리가 좋았던 날에도, 은근히 기대했던 행복은 대개 내 삶을 비껴갔지요.

곰곰이 돌아보면 나는 행운보다 불행을 더 많이 생각했던 것 같습니다. "이런 일만은 제발 내게 일어나지 않기를." 그 바람 속에서 나는 이미 불행의 구체적인 그림을 그리고 있었지요. 심리학자들은 이를 '부정적인 자기실현'이라 부른다고 합니다. 불길한 예감이 적중한 것처럼 느끼는 이유는 내가 그것을 더 자주, 더 강렬하게 떠올렸기 때문일 겁니다.

행복과 불행. 이 둘은 해와 그림자 같습니다. 해가 비치면 어딘가 그림자가 생기듯 행복에도 불행의 그림자가 드리웠고, 불행 속에서도 보이지 않는 빛이 있었습니다. 차이가 있다면 우리는 행복보다 불행을 더 오래, 더 선명하게 기억한다는 것이겠지요.

"삶은 빛과 어둠의 대비 속에서 비로소 그 선명함을 얻는다." 철학자 알베르 카뮈의 말처럼 행복 속에도 불행의 씨앗이 있고, 불행 속에도 행복의 가능성이 숨어 있습니다. 설사 불행이 닥친다고 해도, 불행 속에 드리워진 희미한 빛을 보려 노력해야 합니다. 나를 짓누르는 고통 속에서도 분명 감사할 수 있는 무언가가 있을 겁니다. 어쩌면 아주 작고 보잘것없는 것일지라도요.

행복과 불행을 저울질하는 게 무의미하다는 걸 깨닫기까지는 꽤 오랜 시간이 걸렸습니다. 중요한 건 우리가 무엇을 선택하느냐는 겁니다. 불행 속에서 고개를 숙이거나, 행복 앞에서 방심하지 않는 태도 말이지요.

오늘도 다짐합니다. 불길한 예감에 휘둘리지 않겠다고요. 태양이 지는 순간에도 그 아래서 자라나는 꽃을 떠올리겠다고요. 삶은 완벽할 필요가 없습니다. 불행한 날에도 자기를 다독이는 작은 믿음과 행복한 날에도 겸손할 줄 아는 따뜻한 마음이면 됩니다.

삶은 해와 그림자가 공존하는 풍경입니다. 어두운 날에도 해를 기다릴 수 있는 우리가, 그 풍경의 가장 빛나는 주인공이 되기를 바랍니다.

두 번째
걸음

 아이들이 눈의 설렘을 알기 시작한 나이부터, 겨울이면 어김없이 눈사람을 만듭니다. 나의 계절은 여름을 더 사랑했지만, 아이들의 손에 이끌려 겨울이 새삼스럽게 소중해졌습니다. 추위를 견디기 위해 옷을 단단히 껴입고 현관문을 나설 때마다 생각합니다. '이 순간이 얼마나 귀한지.' 눈밭 위에서 깔깔대며 웃는 아이들의 얼굴이 내게 그런 깨달음을 안겨줍니다.

 "눈덩이부터 두 개 만드는 거야!"

아이들의 목소리가 겨울 하늘 아래 힘차게 퍼집니다. 작은 눈덩이를 손으로 모으고, 그것을 굴려 덩어리를 크게 만드는 일. 두 아이는 이제 제 몸집만 한 눈덩이도 척척 만들어냅니다. 하지만 처음부터 이토록 능숙했던 건 아니었지요.

다섯 살이었던 큰아이와 처음 눈사람을 만들던 날을 떠올립니다. 설렘 가득한 얼굴로 눈밭에 선 아이는 아무것도 모르는 채 내 손만 바라보았고, 나는 눈앞의 하얀 풍경이 낯설기만 했습니다. '눈사람은 어떻게 만들더라?' 눈덩이를 주먹만큼 뭉쳤지만, 그것이 굴러가게 만드는 일은 뜻대로 되지 않았습니다. 눈덩이는 금세 부서졌고, 부서진 눈 조각을 다시 붙여가며 몇 번이고 도전했지만, 결국 눈이 녹아서 안 뭉쳐지는 거라며 핑계를 대고 슬그머니 포기하고 말았습니다. 집으로 돌아가는 길 실망한 아이의 손을 잡으며 생각했어요. '시작이 반이라더니, 시작만으로 되는 게 아니구나.'

요즘 아이들과 다시 눈사람을 만들 때마다 그날의 기억이 자주 떠오릅니다. 그리고 내 삶에 있었던 수많은

'시작'들을 돌아보게 됩니다. 설렘으로 가득 찼던 첫걸음들. 하지만 그 많은 시작들은 대개 첫걸음에서 멈췄습니다. 헬스장 등록증을 들고 설레던 날, 영어 회화 수업을 첫 시간만 듣고 돌아왔던 날, 그리고 내가 달라질 거라며 듣던 자기계발 강연의 끝. 시작은 언제나 기뻤지만, 두 번째 걸음을 내딛는 일은 늘 쉽지 않았습니다. 생각보다 힘들었고, 생각보다 외로웠습니다. 때로는 내가 가는 길이 맞는지 확신할 수 없었습니다.

눈사람 만들기라는 작은 일 속에서도 깨닫습니다. 시작의 설렘 뒤에는 반드시 반복의 노력이 필요하다는 사실을요. 주먹만 한 눈덩이를 데굴데굴 굴리는 과정. 부서지고 깨지더라도 다시 뭉쳐가는 시간. 그것이 눈사람을 완성하는 힘이 됩니다. 시작을 부추기는 세상은 종종 '시작이 반'이라며 우리를 다독이지만, 그 시작 뒤의 고요한 걸음들에 대해서는 말하지 않습니다.

삶은 단 한 번의 도약으로 이루어지지 않습니다. 눈사람처럼, 작고 단단한 걸음들이 쌓여 지금 우리의 모습을 만들어갑니다. 한 걸음, 그리고 또 한 걸음. 반복

속에서 비로소 무언가를 완성해낼 수 있습니다.

 어떤 이들은 사막에서도 꽃을 피우고, 막막한 어둠 속에서도 자신만의 빛을 만들어냅니다. 그들의 삶은 첫걸음의 설렘에만 멈춰 있지 않았을 겁니다. 두 번째, 세 번째, 그리고 마지막 걸음까지 묵묵히 걸어간 의지의 산물이겠지요. 세상이 그들에게 준 것이 있다면, 그것은 시작의 설렘이 아니라 걸음을 계속 내딛게 하는 작은 희망이었을 겁니다.

 오늘도 내 눈덩이를 굴립니다. 비록 부서지고 깨질지라도 다시 뭉칩니다. 어제와 별반 다르지 않은 오늘일지라도, 그 모든 순간이 내일의 눈사람을 완성할 수 있는 발판이 되어줄 거라고 믿으며요.

 두 번째 걸음. 그리고 그다음 걸음. 끝내 우리의 이야기를 만들어가는 모든 발자국에 마음을 보냅니다.

적기의 사랑

"아직 나는 연애할 때가 아닌 것 같아."

아직 혼자인 친구가 말했습니다. 혼자가 너무 편해져서, 이 지극히 개인적인 일상을 누군가와 나눌 수 있을지 모르겠다고요. 외로운 건 맞지만, 지금은 때가 아닌 것 같다는 말도 덧붙였습니다.

궁금했습니다. 사랑하기 적당한 때라는 게 있을까요? 친구는 말했습니다. 지금보다는 조금 더 근사한 내가 되었을 때가 그때라고요. 나라는 사람이 온전하고 대견한 모습이 되어야, 그 온전함으로 흔들림 없는 사랑을 나눌 수 있을 것 같다고요.

친구가 말한 '온전함'이란 환경의 완성이라기보다는 마음의 완성이었겠지요. 자기 자신이 충분히 단단하고 근사해졌을 때라야 사랑을 시작할 수 있을 거라는 다짐처럼 들렸습니다. 하지만 문득, 그런 생각이 들었습니다. 사랑이란 정말 온전한 상태에서만 시작해야 하는 걸까요? 에리히 프롬은 사랑의 기술에서 이렇게 말했습니다.

"사랑은 성숙한 사람들 사이에서만 가능하다. 성숙이란, 자신의 고독을 감당할 수 있는 능력에서 나온다."

성숙이란 결코 완벽한 상태가 아니라, 불완전한 나를 인정하고 그 고독마저 견디는 힘에서 비롯된다는 프롬의 말이 친구의 이야기와 절묘하게 맞닿아 있다는 생각이 들었습니다. 이십 대, 철없던 시절의 연애가 떠올랐습니다. 갑작스러운 복통에 쭈그려 앉아, 가장 먼저 생각난 사람이 당시의 남자친구였습니다. 전화를 걸어 봤지만 돌아온 답은 "택시를 불러야지, 내가 뭘 어쩌겠어."라는 지극히 상식적인 말뿐이었어요. 이상하게 그 말을 듣는데, 더는 배가 아프지 않더군요. 배보다 가슴이 더 아팠습니다.

아마 그때의 나는, 데리러 와달라는 게 아니라 단지 "괜찮아?" 하고 걱정해 주는 목소리를 듣고 싶었을 겁니다. 그것만으로도 사랑의 온기를 확인할 수 있을 것 같았어요. 하지만 그 작은 기대는 보기 좋게 무너졌고, 우리는 헤어졌습니다. 마흔이 넘은 지금, 나는 생각합니다. 철없던 그때 뭘 알고 사랑 운운했을까 싶은 생각에 피식 웃음이 나기도 하고요. 사랑에도 정말 적기가 있을까요? 그리고 그 적기에는 무엇이 필요한 걸까요? 사랑은 나이를 먹는다고 자연스레 어른스러워지지 않더군요. 기대고 싶고, 소유하고 싶고, 위로받고 싶은 마음은 나이를 먹어도 달라지지 않았습니다.

사랑은 둘이 하기에 늘 상대적입니다. 내가 모든 걸 다 줘도 상대는 만족하지 못할 수 있고, 상대의 진심이 오히려 내게 상처가 될 수도 있습니다. 하지만 그 불편함과 어긋남을 껴안는 것이 사랑 아닐까요? 그래서 저는 완벽하게 관리되고, 부담스럽지 않은 사랑을 떠올리면 왠지 얄미워집니다. 사랑이란, 어쩌면 서로의 불완전함 속에서 때로는 기대고, 때로는 싸우며 조금씩 채워나가는 과정일 테니까요. 사랑은 서로의 모난 부분이 천천히 닳아지며 만들어지는 과정이에요. 사랑이란 결국 미완성의 상태를 두 사람이 함께 빚어나가는 일인 것이죠.

친구가 말했던 외로움도 이해합니다. 외로움은 문득 덮쳐오는 것이기에, 그것을 완벽히 이겨낼 장사는 없으니까요. 그렇지만 말해주고 싶습니다. 온전한 내가 되었을 때만 사랑할 수 있는 것은 아니라고요. 사랑의 적기는 아마 가슴이 뜨거워지는 바로 그 순간일 거라고요. 지금은 홀로 선 시간을 더 즐기더라도, 언젠가 마음이 데워지는 순간이 오면 주저하지 말고 사랑하라고요.

이 글을 읽는 당신도 마찬가지입니다. 사랑은 두려워할 것이 아니라, 있는 그대로의 나로 부딪쳐야 하는 것입니다. 부족한 마음과 흔들리는 감정이 오히려 사랑을 완성하는 재료가 될 테니까요.

감사훈련

 샤워를 하던 중이었습니다. 고꾸라질 듯한 자세로 머리카락에 거품을 문지르고 있었지요. 그런데 갑자기 요란한 소리가 귀를 울렸습니다. 샤워기의 물소리를 뚫고 들려오는 경보음 같았습니다. 처음엔 화재 경보인가 싶었어요. 서둘러 물기를 짜내며 화장실 밖으로 나왔습니다. 휴대전화였습니다. 같은 소리가 간격을 두고 두 곳에서 울리고 있었습니다. 경보발령 메시지가 화면에 떠 있더군요.

'경계경보 발령. 어린이와 노약자가 우선 대피할 수 있도록 해주세요!'

단 몇 줄의 문자였습니다. 그러나 그 몇 줄이 전하는 무게가 온몸을 덮었습니다. 사람들은 집 근처 대피소를 찾기 위해 인터넷을 검색했고, 그 시간대 우리나라 대표 포털이 마비되는 진풍경이 벌어졌습니다. 누구는 물을 챙겼고, 누구는 자는 가족을 깨웠다고 했습니다. 어떤 이들은 이미 비상식량을 가방에 꾸렸더군요. 반면, 나처럼 가만히 멈춘 사람도 많았을 겁니다.

나는 아무것도 할 수 없었습니다. 전쟁이라는 두 글자는 너무 비현실적이었고, 지금 이 평화로운 하늘과는 어울리지 않았으니까요. 그런 일은 나와 무관하다는 근거 없는 확신이 내 안에 자리 잡고 있었습니다. "내게 그런 일이 벌어질 리 없어." 이 비합리적 낙관이 내 발목을 붙잡고 있었지요.

문자는 실현되지 않았습니다. 그저 아침의 혼란스러운 에피소드로 끝이 났지요. 머리를 말리는데 젖은 머리카락 사이로 부스스하게 잠이 깬 아이가 눈에 들어

왔어요. 문득 이웃 나라의 길고도 끔찍한 전쟁의 한 장면이 뇌리를 스칩니다. 아무런 경고도 없이 포화가 날아들었을 그곳. 그곳에서도 어제와 다름없는 아침이 시작되었을 겁니다. 그러나 이곳과는 달리 눈앞에서 하루가, 가족이, 모든 것이 무너졌을 겁니다. 지금 내 앞에 있는 이 순간이 얼마나 감사하던지요. 아이들을 꼭 끌어안았습니다. 부드러운 볼을 문지르며 나지막이 물었습니다. "잘 잤어?"

그 순간, 뜨거운 감정이 밀려들었습니다. 지루하도록 평온했던 내 일상이 그렇게 값지게 느껴질 수 없었습니다. 고작 몇 줄 문자였지만, 그것이 나를 깨우는 훈련이 되었던 겁니다. '지금 여기'의 소중함을 다시금 일깨워준 뜻밖의 깨달음이었습니다.

감사의 순간 나는 내 삶을 더욱 생생하게 느낄 수 있었습니다. 감사는 우리가 가진 것을 더 분명하게 깨닫게 하고, 그로 인해 삶의 순간순간이 얼마나 큰 축복인지 알게 해줍니다.

그날 이후로 작은 실천을 시작했습니다. 집 근처 대

피소를 검색했고, 아이들에게 태풍, 폭설처럼 재난 상황에 대비하는 법을 차근히 가르쳤습니다. 전쟁이라는 단어를 꺼낼 수는 없었지만, 어떤 어려움 속에서도 희망을 잃지 않도록 작은 이야기들을 들려주기로 했습니다. 설령 어떤 일이 닥치더라도, 반드시 다시 맑은 하늘을 보게 될 거라는 확신과 함께요.

나에게 노년이 없다면

당연하게 노년을 말했었습니다.

모두가 입을 모아 말하는 백 세 시대. 추호의 의심도 없이 나 역시 가뿐히 올라탈 수 있는 예정된 미래라고만 생각했지요. 백 살까지 즐겁게 살 거라고, 지팡이를 짚고서라도 세계 곳곳을 다닐 거라고, 내 남은 시간을 오직 쓰는 일에만 털어 넣을 그날을 고대하고 있다고 철없는 설레발을 치고는 했습니다.

어제 삼 년 만에 건강검진을 받았습니다. 염려 따위

는 없었어요. 그저 미뤄둔 숙제를 하듯이 병원으로 향했을 뿐이었죠. 병원에 도착해 고분고분 나를 맡기면 끝날 일인 걸 잘 알았습니다. 으레 그랬듯 몸속 어느 한곳을 신속하게 스캔 당한 뒤, 아주 경쾌하게 다음 코스로 넘겨질 게 뻔했습니다. 하지만 가장 첫 번째로 만난 의사 선생님은 썩 경쾌하지도, 손이 빠르지도 않더군요. 여전히 적응이 힘든 부인과 진료 의자, 거기에 딱딱하게 누워 있는 나를 의사는 한참 동안 살폈고, 별로 대수롭지 않아 보이는 질문 몇 가지를 던지고는 또 한참을 살폈습니다. 도무지 나를 다음 코스로 인계할 생각이 없어 보였어요. 인내심에 한계를 느낀 나는 빨리 이 음침한 곳을 벗어나고 싶다는 생각에 먼저 입을 열었습니다. "뭐가 보이나 보죠?" 의사 선생님은 배를 몇 번 더 눌러보더니 그제야 일단 옷을 갈아입고 밖으로 나오라고 했습니다.

의사는 내 초음파 사진의 어딘가를 가리키며 두루뭉술하게 말했습니다. 나는 성의껏 들었지만, 도무지 이해가 가지 않고 답답한 마음에 직설적으로 물었어요.

혹시 뭐 암 같은 것일 수도 있는 거냐고요. 그러자 깃털보다 가볍고 쉽게 돌아온 대답.

"네 뭐, 그럴 수도 있고요…. 일단 오늘 시간이 되시면 CT 찍어보시죠."

생을 주관하는 신이 어느 날 갑자기 내 앞을 막아서서는 "미안하지만, 처음부터 네 몫의 노년은 없었어." 하고 말하는 것 같았습니다. 잠시간 멍해 있었지만 곧 "그럴 리가." 했어요. 지나치게 현실성이 없었으니까요. 게다가 나는 매우 건강했습니다. 이어 상상해봤습니다. 정말로 만약, 그런 최악의 상황이 닥친다면 지금 당장 무얼 해야 할지를 그려보았어요.

내 삶이 어느 날 급작스레 정지될 거라는 생각을, 더군다나 지지부진 앓다가 멈추리란 생각은 솔직히 상상해본 적이 없었습니다. 아니, 했었더라도 금세 고개를 내저으며 던져버린 잡생각이었겠지요. 일은 계속하고 싶습니다. 아니, 아니, 조금이라도 오래 내 아이들 곁에 있어 주어야 하는 게 맞겠지요. 요즘 따라 체력이 달려 운동을 시작하려던 참이었는데. 필라테스가 체력은 물론 길고 예쁜 근육도 만들어 준다기에 그날 오후 상담을 잡아둔 터였습니다. 그것도 의미가 없어진다는 말이네요. 당장 목숨이 왔다 갔다 할 판에 길고 예쁜 근육이 다 무슨 소용이겠어요. 가만, 지금 쓰는 원고를 책으로 완성하는 일도 시급합니다. 그토록 기다리던 나의 예순은 어쩌나요, 아직 천덕꾸러기 같기만 한 설익은 내 새끼들은요? 이곳저곳 벌려두기만 했던 셀 수 없이 많은 약속은? 정리되지 않은 질문이 밀려들었습니다. 어느 하나도 감당할 수가 없어 머리를 털었어요.

무언가가 확실하지 않을 때 불안해지는 법이죠. 검사 결과가 나온 것도 아니었고, 아직 무엇하나 확실해진 게 없었지만 바로 그것 때문에 이렇게 불안한 것이었습니다. 그저 없어야 할 것이 있으니 확인 한번 해보자는 겁니다. 최근 수면시간이 부족해 조금 피곤했을 뿐 내 건강에는 문제 될 게 없습니다.

불확실함을 지우기로 했습니다. 결과가 나오는 날까지 이전의 건강한 나로, 늘 의욕적이던 나로 지내면 그뿐이잖아요. 혹시 모를 만일의 상황은 그때 가서 생각하면 되겠지요. 사실, 그 만일의 상황이라는 확률도 거의 제로에 가까울 게 분명합니다. 누구보다 나는 내가 가장 잘 알거든요.

오늘, 이 사건은 뚝 떼어 놓더라도, 도대체 그간 나는 무엇을 근거로 빛나는 노년을 장담했을까 정신이 번쩍 들었습니다. 어째서 그것이 거저 주어질 것이라 믿어온 걸까요? 한 시간 뒤도 어찌 될지 모르는 게 삶이지요. 지금 이 순간을 절절히 즐기며 사는 게 진정한 행복이라고 입으로, 글로 닳도록 떠들었더랬습니다. 그랬던 내가 조금 전, 이 몽롱하고 머리 아픈 현재를 통째로 외면하려고 했네요. 하루아침에 벼랑으로 몰리고, 믿을 수 없는 비극이 시작되는 것은 철저히 '남의 일'이었나 봅니다. 아, 나는 이렇게나 간사했습니다. 오지도 않은 만약을 당겨와 마음을 졸이는 대신, 지금 당장 무엇을 해야 아쉽지 않은 오늘을 살 수 있을지 그걸 고민해야겠습니다.

잠시 길고 어두운 터널을 슬쩍 엿보고 온 기분입니다. 그랬더니 당장 내 눈앞의 일상이 더없이 절절해지네요. 매일 씨름하면서도 여전히 만족스럽지 않았던 나의 글 뭉치들, 나 대신 세상에 남을 내가 될 거예요. 조금 부족하다고 해서 문제가 될 건 없습니다. 넘치지도 말고 딱 지금의 나만큼만 쓰면 그걸로 되겠죠. 이 글은 오늘의 나를 고스란히 담고 있게 될 테니까요. 내가 없더라도 마흔의 내 생각은 영원히 세상에 남을 겁니다. 공기처럼 당연해서 소중함을 잊고 살았던 내 가족, 그리고 나와 이어진 몇 안 되는 나의 사람들. 그 넉넉한 얼굴들이 떠오릅니다. 그에 반해 얼마나 부족한 나였던가요.

근래 내 인생이 다시 없을 절정기 같다고, 이런 게 행복 같다고 느껴왔었습니다. 난데없이 날아든 돌멩이 하나에 이 행복이 없던 일이 될 리 없습니다. 고작 그것이 이토록 견고한 내 삶을 산산조각 낼 수는 없다고 믿습니다. 날아든 무엇을 불행의 씨앗으로 만들지, 변화의 기회로 삼을지는 내게 달려 있을 거예요.

지극히 개인적인 삶의 눈을 밖으로 돌려야겠습니다. 설사 내게 감당할 수 없이 무거운 돌덩이가 날아든대도 그걸 내가 짊어질 수 있음에 감사할 수 있었으면 해요. 오직 나 자신에만 몰두하다가 무책임하게 떠나기보다는, 남을 이들을 배려하는 일상을 살고 싶습니다. 가능하다면 모든 흔적을 지우기보다, 최대한 많이 남겨두고 가고도 싶어요. 나를 떠올리는 일이 고통이 아니라 따뜻함으로 기억되는 삶을 살 수 있다면 그것만큼 축복받은 삶이 없을 테니까요.

어떤 방해도 꿀꺽 삼켜 감사로 품고야 말겠다고 의지를 다집니다. 더 모조리 내어주고, 더 힘껏 안아주는 사람으로 살 거예요. 옳고 그름을 따지지 않고, 얻고 잃음을 재지 않고, 그저 마음이 가는 대로, 나중은 없을 것처럼 그렇게. 설사 내게 빛나는 노년이 오지 않더라도 여한이 없도록 그리 살아야겠습니다.

마흔,
노래해야 할 때

"이야. 이게 언제 적 노래야. 너는 아직도 이런 노래를 부르는구나. 청춘이네, 청춘."

지루하리만치 길게 늘어선 차량의 행렬 끝에 보랏빛 석양이 스카프처럼 걸렸습니다. 오랜만에 가졌던 친구들 모임을 끝내고 집으로 향하던 도로 위, 나는 듣고 싶은 음악을 선곡해 재생했어요. 그 많은 걸 쏟아내고도 여전히 부족한지 친구들은 뒷자리에서 아까의 대화를 계속 이어가고 있었지만, 나는 운전을 핑계 삼아 자연스레 대화에서 빠졌습니다. 시선과 정신을 온통 보랏빛 석양에 꽂아두고는 흘러나오는 노래를 희미하게 흥얼거리는데 친구가 묻습니다. 어떻게 아직도 이런 노래를 듣고 부르냐고요. 노래에도 설정된 나잇값이 있었던가 잠시 생각했습니다.

마흔의 우리가 오늘 오랜만에 만나서 한 이야기의 중심은 역시나 아이들이었습니다. 틈틈이 우리가 하는 일의 애로사항들도 끼어들었지요. 우리는 모두 엄마이자 아내이고 선생님이었기에 충분히 공감될 만한 즐거운 이야깃거리였지만, 어쩐지 나는 대화 내내 알맹이가 빠진 느낌이 들었고 그래서 빙빙 겉돌았습니다.

엄마 말고, 아내 말고, 며느리 말고, 선생님 말고의 '나'도 꺼내 보고 싶었습니다. 주변인으로서의 우리가 아니라 삶의 한가운데 떡 버티고 선 너와 나. 넋두리하는 김빠진 콜라 같은 얼굴이 아니라, 이제 막 물이 오른, 곧 봉오리를 활짝 열 것만 같은 그 생기를 보고 싶었어요. 그래서 슬쩍 '나와 꿈'을 꺼내 보기도 했습니다. 따분해할 거라 예상은 했지만 역시나 찬물을 끼얹은 듯한 분위기, 대화는 길게 이어지지 못했습니다.

 변하지 않는 일상, 그 무시무시한 안정감은 우리를 쉽게 굴복시킵니다. 내가 나이를 먹는 만큼 아이들도 자라겠지요. 이제야말로 진지하게 내 아이의 꿈을 챙겨야 할 시간인데 다 늦게 나의 꿈이라니, 내 삶이라니, 죄다 세상 물정 모르는 철부지 소리처럼 들렸을 것이라는 걸 모르지 않습니다. 친구 중 한 명은 말했어요. 꿈도 좋지만, 이제 나는 그럴 에너지가 없다고, 아이들 다 크면 나머지 생은 그저 편안함만을 추구하고 싶다고요.

 이해했어요. 각자가 추구하는 삶은 다를 것이고, 그러니 친구들은 지금껏 내가 내 삶에 쏟아온 정성보다 더한 애를 써왔는지도 모릅니다. 엄마로서, 아내로서의 의미를 찾고 그 안에서 자신을 발견했다면 더없이 행복하고 감사한 일이지요. 말해 무엇할까요. 단지 나와 방향이 다를 뿐이겠죠. 그래서 그 후로는 잠자코 자리만 지켰습니다. 어쩐지 처음보다 더 진해진 것만 같은 식은 커피 물만 홀짝거리면서요.

언제부터 '꿈'이 젊은이들의 전유물이 되어 버렸을까요. 어째서 마흔의 엄마에게는, 혹은 아빠에게는 꿈을 묻지 않는 것인지 그걸 나누고 싶었습니다. 내 목적지가 처음부터 엄마는 아니었거든요. 누군가의 아내도, 며느리도 아니었지요. 나의 시작에는 분명 펄떡이는 심장이 있었고, 멀리 내다보며 가슴 뛰었던 미래가 있었을 겁니다. 목적지는 사실 온전한 '나'였을지도요. 하기야 잡을 수 없이 모호하고 흐릿한 이런 이야기들이 누구나 재미있지는 않을 것도 같습니다.

아이는 눈 깜짝할 새 자라 내 품을 떠나겠지요. 그게 매일 같이 체감됩니다. 어느새 다 피어 버린 벚꽃처럼 언제 이렇게 컸는지 까치발을 들어야 겨우 보이는 정수리, 성큼성큼 앞서가는 걸음, 버거운 장바구니 휙 뺏어 드는 아이를 볼 때면 대견하면서도 괜히 서글퍼져요. 떠날 날이 바짝 다가온 느낌이 들거든요. 속절없이 흩날리는 아이의 지금을 남김없이 쓸어 담고만 싶어집니다. 여전히 봄기운이 가득한데도 아직 오지도 않은 무성한 푸름과 서늘한 가을, 차가운 겨울까지 눈에 선해집니다. 그래서 조급해진 엄마는 더 해야 할 것, 미처 다 못 해준 것들을 박박 긁어 바닥없는 마음에 쏟아 넣어요. 나 역시도 그런 대책 없는 엄마이고요.

하지만 아이로서는 그게 순리일 겁니다. 열심히 피고 지며 제 삶을 단단히 키워 가는 것, 그렇게 뚜벅뚜벅 자기 삶을 걸어가는 것이 자식의 도리지요. 엄마의 화음 없이, 자기만의 멜로디로 제 삶을 노래하게 될 날이 반드시 올 거예요. 그게 그토록 바라던 내 아이의 성장하는 순간인데, 엄마에게는 대견함과 동시에 견딜 수 없는 허탈함으로 다가오기도 합니다. 아니 대부분이 그런 것 같아요. 그건 이제는 엄마가 아닌 나로 살아가야 할 미래, 덜컥 발 앞에 놓인 그 시간에 대한 막연한 두려움 때문은 아닐까요. 아이 없이 어떻게 살아야 할지 몰라 길 잃은 엄마가 됩니다.

내가 낳은 아이에게 올인해야 하는 시간은 꼭 필요했고, 그건 마땅히 엄마로서 해야 할 일이었습니다. 떠날 아이를 염두에 두고 미리 마음을 떼자는 건 아니지만, 피할 수 없는 아이의 독립이라면 이제는 우리도 조금씩 준비해야 하지 않을까요. 아이 없이도 그저 '나'로 살 수 있기 위한 준비를요. 마흔을 갓 넘긴 지금이 적기일지도 모릅니다. 바로 지금 아이와 나란히 서서 너의 삶, 나의 삶 모두가 이렇게나 값지다고, 엄마도 너처럼 여전히도 꿈꾸고 노래하고픈 모습이 있다고 보여주어야 해요. 그래야 엄마 품을 떠나는 아이의 마음도 나비처럼 가벼울 거고요.

아직도 너는 그런 노래를 부르느냐는 친구의 말에, '그런가' 하며 피식 웃었지만, 속으로 중얼거렸습니다.

'아직도라니. 나는 이제 시작인데.'

마흔, 우리는 지금 노래해야 합니다.

에필로그

날 보면 당신도 쓰고 싶어질 거예요

동의하지 않아도 세월은 갑니다. 나는 마흔의 평범한 여자였고, 아내였고, 엄마였습니다. 곱게 순응해온 마흔 해 동안 나는 의심이랄 것도 없이 정해진 길을 따라 성실히 살아왔어요. 고백하자면 산다는 것을 말할 때 입고, 먹고, 마시는 불편함이 없는 것, 그 이상을 생각해본 적이 없었습니다. 그러니 존재가 추구하는 근원적인 질문을 담은 철학이나 시, 소설 따위는 나와는 무관하고 먼 것이기만 했지요.

안정적인 일상에 묻혀 살던 평범한 40대 여자가 전과 다른 새로운 일상의 궤도에, 그것도 주저 없이 단숨에 들어선다는 것이 과연 쉬운 일이었을까요? 별안간 글을 써봐야겠다는 생각을 한 것은 지루하리만큼 안정적인 내 삶을 일부러 비틀어 틈을 만들고자 했던 내 안의 본능적인 반란이었는지도 모르겠습니다. 잘 굴러가는 바퀴의 속도를 늦추고 '이대로도 좋은 삶'에 고작 물음표 하나를 붙여본 게 다였지만, 스스로 의문을 가졌다는 것 자체가 이미 나로서는 혁명과 다르지 않았어요. 막연했지만 어떻게든 달라지고 싶다는 의지, 그것은 정말이지 본능이었습니다.

지금껏 살아온 나보다 더 뚜렷해지고 싶었어요. 지금 당장 무언가를 하지 않으면 어설프기 짝이 없는 내가 영원히 지워질 것만 같았습니다. 초조했어요. 처음이자 마지막 시도라고 생각하고 스스로 실낱같은 희망을 만들어 붙잡았습니다.

바로 그때부터 마흔을 넘긴 내 글쓰기가 시작됩니다. 써보지 못한 나를 써보고, 표현해보지 못한 나를 표현해보면서 그제야 알았습니다. 무난히 살아지는 삶이라도 해안이 보이지 않는 무풍의 바다 위라면 아무 의미가 없겠죠. 현실을 전복시키자는 건 아니었습니다. 그저 작은 바람을 일으키고 그에 따라 부푸는 돛을 따라서 최소한 단 몇 걸음이라도 따라가 보고 싶었어요. 한

번도 가보지 않은 항로에 나를 데려가 보고 싶었달까요. 다른 누구도 아닌 내가 해야 했습니다. 규범과 순서로 촘촘히 얽힌 세상을 예리한 날 끝으로 긋고 나라는 존재의 숨통을 틔워주고 싶었습니다.

글이 도구가 될 수 있더군요. 그것은 견고한 나의 세계에 균열을 내는 데 더할 나위 없이 적합한 것이었습니다. 내 글을 쓰면서 타인의 글 역시 진지하게 읽기 시작했어요. 아이가 세상을 배우듯이 느리지만, 최선을 다해 읽고 쓰는 중입니다. 그렇게 마흔에야 비로소 읽고 쓰는 행위의 의미를 이해했어요. 제대로 배워본 적이 없었으니 깊이에 대한 목마름도 빈번히 일어나겠지요. 어떻게 하면 이렇게 정확하고 깊이 있게 표현할 수 있는지, 아직도 타인의 문장에 감탄하는 날들이 쉬지 않고 이어집니다. 그렇게 감흥이 짙어지면 내 글에 대한 욕망도 자연스레 커졌습니다.

써야겠다고 생각하게 된 건 행운입니다. 쓴다는 건 무채색의 시시한 일상에 분명한 색과 의미를 더하는 일입니다. 그냥 먹고 자고 움직이는데 불과했던 아둔

한 감각이, 쓰는 삶 안으로 들어서고부터는 기민하게 살아 꿈틀거린달까요. 매 순간 눈에 들어선 장면이 나름의 의미를 담고 한 줄 한 줄 몸에 새겨지는 걸 느껴요. 길가의 무심했던 돌덩이에서 체온을 느끼고, 존재하는 줄도 몰랐던 새벽이 매일 기지개를 켭니다. 그간 웅크리고만 살아 곳곳이 구겨지고 비뚤어진 내가 조금씩 반듯하게 펴지는 것만 같아요. 사는 일에 재미를 느낄 때마다 가슴이 뻐근해지는 느낌을 알까요? 슬플 때만 아픈 줄 알았던 가슴이, 너무 행복해도 그럴 수 있다는 것을 나는 글로 배웠습니다.

글을 쓴 덕분에 '나'는, 내가 꿈꾸는 '나다운 삶'은 바로 여기 있다는 걸 알았습니다. 다른 어딘가에 깊숙이 숨어 있는 게 아니었어요. 지금 내가 딛고 선 모든 순간을 다양한 시선으로 살아가는 것이 그 어떤 일보다 설레고 가치 있는 일이라는 것을 글을 통해 깨달았습니다.

새로운 삶. 그것은 지금 내 삶에 미세한 균열을 내는

것으로부터 시작합니다.

더없이 예리한 글 끝으로 말이죠.

당신이 글을 썼으면 좋겠습니다

초판 1쇄 발행일 2025년 3월 1일

지은이 전유정
발행인 김태한 외 1명
펴낸이 책과강연
총괄기획 이정훈
도서제작기획 김태한
책임편집 인생첫책
디자인 페이지온

주소 서울시 퇴계로26길 15 남학빌딩 B1
전화 02-6243-7000
블로그 blog.naver.com/writingin180days
인스타그램 @writing_in_180_days
유튜브 책과강연
카카오톡 writing180

출판등록 2017년 7월 2일 제2017-000211호
ISBN 979-11-989982-4-8 03810

* 책 가격은 뒤표지에 있습니다.
* 파본은 구입하신 서점에서 교환해 드립니다.
* 저자와 협의 하에 인지를 생략합니다.

실행하는 지금이 실현하는 순간입니다.
[책과강연]에서는 여러분들의 원고를 기다리고 있습니다.
원고 투고 및 의견은 writingin180days@naver.com으로 보내주세요. 함께 만들어 갑니다.
'내 책을 서점에서 만나는 기적'